이이가 나오미냐

삶의 파산 가운데 담긴 '헤세드'

장대선 지음

고백과 문답

이이가 나오미냐

삶의 파산 가운데 담긴 '헤세드'

초판 1쇄 인쇄	2022년 10월 07일
초판 1쇄 발행	2022년 10월 07일

저자	장대선
발행처	고백과 문답
출판신고	제2016-000127호
주소	서울특별시 여의대방로 134-1 봉림빌딩 507호
전화	02-586-5451
편집	고백과 문답
디자인	최주호
인쇄	이래아트(02-2278-1886)

ISBN   0179-11-971391-9-2   03230

값 13,000원

IS THIS NAOMI?

목차

저자 서문

사람의 눈으로 볼 수 없는 영이신 하나님께서는, 태초에 "있으라"(창 1:2) 하심으로 모든 것들을 있게 하셨다. 그리고는 곧장 모든 시간과 역사들을 직접적으로 다루시고 다스리시는 것을 성경은 명백하게 기록하고 있다.

하지만 언제부턴가 사람들은 하나님의 다루심과 다스리심을 알지 못하고, 마치 스스로 세상의 모든 것들을 다루고 활용하며 이끌어 가는 것으로 생각하게 되었는데, 아마도 그러한 생각은 창세기 3장 이후의 지배적인 인간의 견해이자 오류일 것이다. 그러므로 지금 우리들의 눈에도 하나님은 보이지 않으며, 심지어 하나님의 다루심과 다스리심이라고는 전혀 분별되지 않는 것이다. 프리드리히 니체(Friedrich Wilhelm Nietzsche, 1844-1900)가 이른바, '신은 죽었다'(Gott ist tot)는 말이야말로, 눈먼 인간의 상태를 가장 솔직하게 시인하는 고백이다.

그러나 과연 '신'은 죽었을까? 더구나 사람들이 흔히 생각하는 'god'이 아니라 'God'은 정말로 그 본질적인 의미를 잃고 안개가 걷히듯이 허무하게 사라지신 것인가? 지금 세상은 그렇게 생각하는 것 같다. 실제로 현실의 삶에서 절대적 가치는 사라져버린 지가 이미 오래다. 기독교인들조차도 스스로의 행실로써, 심지어 '성직자'라 일컫는 무수히 많은 목회자들조차도 삶과 돈이라는 상대적이면서도 절대적인 가치 앞에 휘둘려서 유일하신 하나님의 말씀인 성경을 만홀히 여기는 실정이다. 그러면서도 다만 신자들이 너무 절망하지 않도록 하는 선에서 '소망이 있다'고 말하지만, 그런 소망이라는 것들이 사실인즉 '아모르 파티'(amor fati)에 가까운 것을 보면, 어쩌면 니체의 말이 옳은 것처럼 보인다.

그런데 놀랍게도 지금도 여전한 하나님의 말씀인 성경!

그것도 수천 년이나 전의 사사시대에, 하나님께서는 그저 아모르 파티나 떠올리는 사람들의 마음에 충격적인 방식으로 그 존재뿐 아니라 일하심을 나타내 보이셨으니, 구약성경의 룻기(Book of Ruth)와 에스더(Esther)야말로, 놀랄 심령이 있는 신앙인들에게 너무나도 충격적인 놀라움으로 그 존재와 일하심을 드러내주시는 하나님의 말씀이다! 그런즉 이제부터 룻기와 함께 놀랍도록 은혜로운 하나님의 일하심을 마주해보지 않겠는가?

2022년, 땡볕 아래서

"흉년의 때"

- 룻1:1-5절

구약성경의 룻기(Ruth)는 열왕기서와 역대기서가 기록하고 있는 시대 바로 전, 사사들에 관해 기록한 사사시대의 기록입니다. 반면에 에스더서(Esther)는 열왕기서와 역대기서가 기록하고 있는, 이스라엘 왕들의 시대 바로 다음의 포로기와 이민족에 의한 지배의 역사 가운데 있었던 일들을 기록한 것입니다. 그러므로 룻기와 에스더서는 각각 이스라엘 왕국의 시작과 끝을 배경으로 하고 있는 것입니다.

그런데 잘 알고 있는 바와 같이, 야곱 족속 곧 '이스라엘'은 고대 중근동에서 상당히 후대에야 비로소 왕을 세운 나라입니다. 반면에 에서의 족속 곧 '에돔'은 일찍부터 왕정국가의 면모를 갖추었는데, 대상 1:43절은 "이스라엘 자손을 다스리는 왕이 있기 전에 에돔 땅을 다스린 왕은 이러 하니라"는 기록 가운데서 벨라, 요밥, 후삼, 하닷, 사믈라, 사울, 바알하난, 하닷 등 에돔 땅을 다스린 여러 왕들을 언급하고 있습니다. 그런 가운데서 야곱 족속 이스라엘의 모든 장로들이 모여 라마에 있는 사무엘에게 나아가 왕을 요구 했을 때에(삼상 8:4), 여호와 하나님께서는 사무엘에게 이르시기를 "백성이 네게 한 말을 다 들으라 이는 그들이 너를 버림이 아니요 나를 버려 자기들의 왕이 되지 못하게 함이니라."(삼상 8:7)고 말씀하시어, 뒤늦게 요구된 왕정에 대하여 심히 부정적으로 말씀하신 것을 볼 수가 있습니다. 무엇보다 사무엘은 나중에 왕을 요구하는 백성들에게 "너희를 다스릴 왕의 제도는 이러하니라 그가 너희 아들들을 데려다가 그의 병거와 말을 어거하게 하리니 그들이 그 병거 앞에서 달릴 것이며, 그가 또 너희의 아들들을 천부장과 오십부장을 삼을 것이며 자기 밭을 갈게 하고 자기 추수를 하게 할 것이며 자기 무기와 병거의 장비도 만들게 할 것이며, 그가 또 너희의 딸들을 데려다가 향료 만드는 자와 요리하는 자와 떡 굽는 자로 삼을 것이며, 그가 또 너희의 밭과 포도원과 감람원에서 제일 좋은 것을 가져다가 자기의 신하들에게 줄 것이며, 그가 또 너희의 곡식과 포도원 소산의 십일조를 거두어 자기의 관리와 신하에게 줄 것이며, 그가 또 너희의 노비와 가장 아름다운 소년과 나귀들을 끌어다가 자기 일을 시킬 것이며, 너희의 양 떼의 십분의 일을 거두어 가리니 너희가 그의 종이 될 것이라."(삼상 8:11-17)고 왕정에 대해 설명하여, 그것이 백성들에게 있어 심히 부정적일 것임을 언급하고 있습니다. 뿐만 아니라 사무엘은 삼상 8:18절에서 그처럼 왕을 세움으로 말미암아 당하게 될 어려운 형편들과 관련하여 이르기를 "그날에 너희는 너희가 택한 왕으로 말미암아 부르짖되 그날에 여호와께서 너희에게 응답하지 아니하시리라"고 했습니다. 그들이 요구한 왕정 가운데서 그들은 틀림없이 고통 가운데서 부르짖으며 타원하게 되는 날이 이를 것이지만, 이제 더 이상 하나님께서는 그들에게 응답하지 아니하시리라고 이미 사전에 분명하게 밝혀 두었던 것입니다.

하지만 삼상 8:5절에서 백성들이 사무엘에게 왕을 세워 줄 것을 요구할 때에, 그들이 이른 "보소서 당신은 늙고 당신의 아들들은 당신의 행위를 따르지 아니하니 모든 나라와 같이 우리에게 왕을 세워 우리를 다스리게 하소서"라고 하는 말은 언뜻 타당하게 들립니다. 사무엘이 늙어 그의 아들들이 이스라엘의 사사들이 되었을 때에, "이익을 따라 뇌물을 받고 판결을 굽게 하"(삼상 8:3)였기 때문에, 백성들이 그러한 요구를 했던 것이 지극히 당연하게 생각되는 것입니다.

그런데 삼상 8:11-17절에 기록한 여러 부정적인 사유들을 근거로 왕을 세우는 것을 만류하는 사무엘에게 백성들은 이르기를 "아니로소이다. 우리도 우리 왕이 있어야 하리니 우리도 다른 나라들같이 되어 우리의 왕이 우리를 다스리며 우리 앞에 나가서 우리의 싸움을 싸워야 할 것이니이다."(삼상 8:19-20)라고 했습니다. 왕을 세워야 하는 가장 중요한 필요로써 이방 나라들과의 전쟁을 효과적으로 이끌어야 한다는 점을 들고 있는 것입니다. 아마도 백성들이 그렇게 요구했던 것은, 사무엘상 4장에 기록된 블레셋 사람들과의 전쟁에서 언약궤를 빼앗겼던 기억 때문이었을 것입니다. 여호와 하나님의 임재를 나타내는 언약궤를 전쟁에 앞세운 것은 백성들이 생각하기에 여호와 하나님을 앞세운 것이라 생각되었기에, 실로에 사람을 보내어 "그룹 사이에 계신 만군의 여호와의 언약궤를 거기서 가져왔"(삼상 4:4)을 때에 온 이스라엘이 땅이 울리도록 큰 소리로 외치며 열광했었던 것인데, 그럼에도 불구하고 블레셋에 크게 패하고 언약궤까지 빼앗기도 말았었던 경험이야말로 그들에게는 큰 충격이었던 것입니다. 그러므로 또 다시 빼앗길지도 모르는 언약궤를 대체할 방안으로서, 백성들은 왕을 세우기를 원했던 것이지요. 삼상 4:10절에서는 블레셋 사람들에게 패하여 엎드러진 보병의 수가 "삼만 명"이었다고 기록하고 있습니다. 블레셋과의 첫 전쟁에서 죽임을 당한 군사가 "사천 명"이었던 것에 반해, 여호와의 언약궤까지 앞세워 사기가 충천했음에도 불구하고 블레셋에게 패하여 그 배를 훌쩍 넘는 삼만 명이나 되는 엄청난 병사들을 잃었던 기억은, 그들에게 너무도 큰 충격이 되었던 것입니다. 그 사건 이후로 이스라엘 백성들은, 어쩌면 전쟁을 승리로 이끄는 원동력이 여호와 하나님의 임재가 아니라 지략과 전략을 두루 갖춘 왕에게 있을 것이라는 새로운 기대를 갖게 되었을 것입니다. 언약궤와 제사장이었던 엘리의 두 아들들까지 대동했음에도 불구하고 오히려 더욱 큰 패배를 당한 것은, 너무도 엄청난 충격이자 이스라엘 백성들의 의식이 급격히 변화하게 된 계기가 되었던 것입니다. 한마디로 전쟁이 여호와 하나님께 속한 것이 아니라 그들 가운데 세워진 지도자 곧 왕의 지휘와 통치에 속한 것이라고 하는 의식의 변화를 갖게 되었던 것이지요.

사무엘상 4장은 블레셋과의 전투에서 크게 패하고 언약궤까지 빼앗긴 것이 얼마나 큰 충격이었었는지를 12절 이하의 본문 가운데서 생생히 전해주고 있습니다. 특히 17절로 18절은 "당일에 어떤 베냐민 사람이 진영에서 달려"나온 사람이 "이스라엘이 블레셋 사람들 앞에서 도망하였고 백성 중에는 큰 살육이 있었고 당신의 두 아들 홉니와 비느하스도 죽임을 당하였고 하나님의 궤는 빼앗겼나이다."라고 했는데, 이어지는 구절은 "하나님의 궤를 말할 때에 엘리가 자기 의자에서 뒤로 넘어져 문 곁에서 목이 부러져 죽었"다고 기록하고 있습니다. 그리고는 엘리가 자기 의자에서 뒤로 넘어져 문 곁에서 목이 부러져 죽은 것이 하나님의 궤를 빼앗겼다는 소식을 들었을 때라고 하여, 하나님의 궤를 빼앗긴 충격을 특히 강조하고 있습니다. 뿐만 아니라 21절로 22절은 엘리의 며느리인 비느하스의 아내가 "하나님의 궤를 빼앗긴 것과 그의 시아버지와 남편이 죽은 소식을 듣고" 갑자기 해산하다 죽어가면서 이르기를, "영광이 이스라엘에서 떠났다 하고 아이 이름을 이가봇이라 하였"다고 했습니다. 특별히 22절은 또 한 번 강조하여 이르기를 "하나님의 궤를 빼앗겼으므로 영광이 이스라엘에서 떠났다 하였더라."고 기록하여, 하나님의 궤를 블레셋 군대에 빼앗긴 것이 그들에게 얼마나 큰 충격이었는지를 부각하여 기록하고 있습니다.

이처럼 이스라엘에 있어서 언약궤를 빼앗긴 사실은 극도로 충격적인 사건이었는데, 특별히 하나님의 임재와 영광이 이스라엘에게서 떠날 수 있다는 사실이야말로 온 이스라엘 백성들의 심령에 깊은 트라우마(trauma)를 남겼던 것입니다. 이후로 하나님의 궤는 다시 이스라엘 땅으로 되찾아 올 수 있었지만, 그 과정에서 벧세메스 사람들에 의하여 의미심장한 사건이 하나 벌어지게 되는데, 삼상 6:19절에 기록되어 있는바 "벧세메스 사람들이 여호와의 궤를 들여다 본 까닭에 그들을 치사 (오만) 칠십 명"이 죽음을 맞은 사건이 바로 그것입니다.

사실 여호와의 궤와 관련한 재앙은 이미 블레셋 땅에서 크게 빚어졌습니다. 블레셋 사람들이 아스돗에 이르러 하나님의 궤를 다곤의 신전에 들여 다곤 곁에 두었을 때에, 다곤이 여호와의 궤 앞에 엎드러지고 그 머리와 두 손목이 끊어져 문지방에 있게 된 사건이 발생했던 것입니다. 그뿐 아니라 "여호와의 손이 아스돗 사람에게 엄중히 더하사 독한 종기의 재앙으로 아스돗과 그 지역을 쳐서 망하게" 하였다고 삼상 5:6절은 기록하고 있습니다. 하지만 그럼에도 불구하고 그처럼 아스돗에 재앙이 닥쳐서 다곤 신상이 부러지고 백성들에게 독종이 발생하는 가운데서도 블레셋의 백성들이 죽었다는 직접적인 언급을 찾아볼 수 없는데 반해, 정작 여호와의 궤를 되찾아 벧세메스에 이르렀을 때에 그곳 거민들이 "(오만) 칠십 명"이나 살육되는 일이 발생했으니, 그로 인해 이스라엘 백성들은 또 한 번 하나님의 궤에 대한 심각한 정신적 트라우마를 겪게 되었을 것이 자명합니다. 이러한 일련의 일들 가운데서 이스라엘 백성들의 마음은 여호와 하나님과 그의 임재를 나타내는 궤에서 떠나버리고 만 것입니다. 삼상 4:21절에서 엘리의 며느리는 "영광이 이스라엘에서 떠났다"고 했지만, 정작 여호와 하나님의 영광이 아니라 백성들의 마음이 여호와 하나님에게서 먼저 떠난 것입니다. 그러므로 벧세메스 사람들이 감히 함부로 다가갈 수조차 없는 여호와의 궤를 들여다 볼 생각을 하기에까지 이른 것이지요. 특별히 삼상 6:20절에서 벧세메스 사람들은 이르기를 "이 거룩하신 하나님 여호와 앞에 누가 능히 서리요 그를 우리에게서 누구에게로 올라가시게 할까" 라고 했습니다. 여호와 하나님께서 왜 그들을 쳐서 크게 살육하셨는지를 생각하지 않고, 오히려 여호와의 궤를 빨리 다른 곳으로 치우려고만 했던 것입니다. 그런즉 떠난 것은 영광스런 여호와 하나님이 아니라 이스라엘 백성들의 마음, 특히 여호와 하나님을 의뢰하며 두려워하는 마음이었던 것입니다. 실제로 삼상 8:7절에서 여호와 하나님께서는 늙은 사무엘에게 "이는 그들이 너를 버림이 아니요 나를 버려 자기들의 왕이 되지 못하게 함이니라."고 말씀하셨으니, 그런즉 왕을 세우기를 원하는 백성들의 마음의 변화를 하나님께서는 분명히 지적하셨던 것입니다.

그러나 이스라엘 백성들의 마음이 여호와 하나님을 버려 "자기들의 왕이 되지 못하게" 했던 것은, 백성들이 왕을 요구하기 훨씬 이전부터 그들 가운데 자리했던 불신앙으로 말미암은 것이었습니다. 사무엘상 6장에서 벧세메스 사람들이 감히 여호와의 궤를 들여다 보았던 것에서 알 수 있듯이, 그들은 이미 오래 전부터 여호와 하나님께서 명하시는 것에 대한 두려움과 경외함을 잃어버린 가운데 있었던 것입니다. 무엇보다 그처럼 백성들의 마음이 여호와 하나님을 두려워하여 경외함에서 떠난 것은, 이미 블레셋 사람들과의 전쟁에 여호와의 궤를 앞세우던 때부터 시작되었습니다. "여호와의 언약궤를 실로에서 우리에게로 가져다가 우리 중에 있게 하여 그것으로 우리를 우리 원수들의 손에서 구원하게 하자"고 한 삼상 4:3절의 말씀에서 알 수 있듯이, 이미 그 때부터 백성들의 마음은 하나님을 만홀히 여겨 자기들 멋대로 하나님을 앞세우는 패역한 태도 가운데 있었던 것입니다.

이처럼 이스라엘 백성들의 마음은 왕을 요구하여 여호와 하나님을 자기들의 왕이 되지 못하게 했던 것보다도 훨씬 전부터 이미 하나님에게서 떠나 있었습니다. 그러므로 사무엘이 이스라엘 백성들의 사사로서 영도하기 이전, 엘리의 두 아들 홉니와 비느하스가 제사장으로 있던 때부터 이미 백성들의 마음이 하나님을 두려워하고 경외하는 것에서 멀어져 있었던 것입니다. 하지만 이스라엘 백성들의 마음이 하나님을 두려워하지 아니하고 경외하지 않았던 것은 사사들의 시대 때에도 있었던 일이었습니다. 삿 2:10절에 기록한 것처럼, 여호와의 종 눈의 아들 여호수아가 백십 세에 죽고 그 세대의 사람도 다 그 조상들에게로 돌아갔을 때에 "그 후에 일어난 다른 세대는 여호와를 알지 못하여 여호와께서 이스라엘을 위하여 행하신 일도 알지 못하였"던 것입니다. 그러므로 삿 2:16-

17절은 사사시대 전체에 걸쳐서 백성들의 태도가 어떠했는지에 관해 이르기를 "여호와께서 사사들을 세우사 노략자의 손에서 그들을 구원하게 하셨으나, 그들이 그 사사들에게도 순종하지 아니하고 오히려 다른 신들을 따라가 음행하며 그들에게 절하고 여호와의 명령을 순종하던 그들의 조상들이 행하던 길에서 속히 치우쳐 떠나서 그와 같이 행하지 아니하였더라."고 했습니다. 그런 사사시대에 관하여서 계속되는 삿 2:18-19절 말씀은 이르기를 "여호와께서 그들을 위하여 사사들을 세우실 때에는 그 사사와 함께 하셨고 그 사사가 사는 날 동안에는 여호와께서 그들을 대적의 손에서 구원하셨"으나, "그 사사가 죽은 후에는 그들이 돌이켜 그들의 조상들보다 더욱 타락하여 다른 신들을 따라 섬기며 그들에게 절하고 그들의 행위와 패역한 길을 그치지 아니하였"다고 했습니다. 이미 사사들의 시대로부터도 이스라엘 백성들의 마음은 여호와 하나님께로부터 떠나 있었고, 오히려 여호와 하나님께서 번번이 그들과 함께 하실 뿐이었던 것입니다.

그런데 룻 1:1절은 초두에 기록하기를 "사사들이 치리하던 때에" 라고 했습니다. 즉 삿 2:18절에 기록한 것처럼 "여호와께서 그들을 위하여 사사들을 세우실 때에" 룻기의 사건들 또한 기록되었음을 밝힘으로 시작하고 있는 것입니다. 그러므로 "사사들이 치리하던 때에 그 땅에 흉년이 드니라"는 말씀은 곧, 삿 2:18절과 같이 여호와께서 사사들을 세우시어 이스라엘을 도우실 때가 아니라 이어지는 19절의 때, 곧 "그 사사가 죽은 후……그들이 돌이켜 그들의 조상들보다 더욱 타락하여 다른 신들을 따라 섬기며 그들에게 절하고 그들의 행위와 패역한 길을 그치지 아니하였"던 때였을 것으로 익히 짐작할 수 있을 것입니다. 한마디로 사사시대의 어느 밝은 날이 아니라 사사시대의 어두운 날 "유다 베들레헴에 한 사람"의 일을 기록한 것입니다. 그러므로 그 땅에 든 "흉년"은 그저 자연재해가 아니라 하나님의 징계로써 들게 되었을 것이라고 짐작해 볼 수 있을 것입니다. 더구나 성경에서는 가뭄과 흉년이 대부분 하나님의 징계로서 표현되어 있는 것을 보면, 사사들이 치리하던 때에 그 땅에 들었던 흉년은 충분히 하나님의 징계적인 성격이었을 것으로 볼 수가 있는 것입니다. 그 가운데서 유다 베들레헴에 살던 엘리멜렉이라는 사람은 그 땅에 깃든 환란을 피해 일가족을 모두 이끌고 모압 지방에 가서 거류하였더라고 1절은 설명하고 있습니다.

그러나 유다 베들레헴에 깃들었던 환란은, 모압 지방으로 가서 거류한다고 해서 피할 수 있는 것이 아니었습니다. 오히려 모압 사람들은 신 23:3-6절에서 여호와의 총회에 들어오지 못할 사람들로 언급하고 있어서, 그곳으로 피신한 엘리멜렉의 신앙이 어떠한지를 짐작해 볼 수 있도록 하고 있습니다. 특별히 신 23:4-6절 말씀은, 모압 사람들이 왜 십 대뿐 아니라 영원히 여호와의 총회에 들어오지 못하는지에 관해 설명하기를, "그들은 너희가 애굽에서 나올 때에 떡과 물로 너희를 길에서 영접하지 아니하고 메소보다미아의 브돌 사람 브올의 아들 발람에게 뇌물을 주어 너희를 저주하게 하려 하였으나, 네 하나님 여호와께서 너를 사랑하시므로 네 하나님 여호와께서 발람의 말을 듣지 아니하시고 네 하나님 여호와께서 그 저주를 변하여 복이 되게 하셨나니, 네 평생에 그들의 평안함과 형통함을 영원히 구하지 말지니라."고 했음에도 불구하고, 엘리멜렉은 그러한 말씀을 염두에 두지 않았던 것입니다. 더군다나 그들이 모압 지방으로 가서 거류한 삶의 결과가 어떠했는지를 엘리멜렉이 죽고 그의 두 아들 말론과 기룐 또한 죽은 것에서 단적으로 파악해 볼 수가 있습니다. 흉년을 피해 모압 땅에 이주한 결과라고는, 오히려 흉년이 든 유다 베들레헴 땅의 도움이 없이는 살 수 없는 과부 나오미와 그의 자부들만이 남겨지는 그야말로 파산의 형편이었던 것을 보면, 여호와 하나님께서 내리신 징계 혹은 환란을 그들은 결코 피할 수가 없었던 것입니다. 무엇보다 그렇게 생각할 수밖에 없는 것은, 룻 1:20절과 21절에서 나오미가 이른 말, "나를 나오미라 부르지 말고 나를 마라라 부르라 이는 전능자가 나를 심히 괴롭게 하셨으미니라. 내가 풍족하게 나갔더니 여호와께서 내개 비어 돌아오게 하셨느니라. 여호와께서 나를 징벌하셨고 전능자가 나를 괴롭게 하셨거늘 너희가 어띠 나를 나오미라 부르느냐"는 고백에서 고스란히 근거할 수가 있습니다. 유다 베들레헴 땅에 깃든 흉년이 여호와 하나님께서 내리신 사사시대의 징계라는 사실을 간과하고 엘리멜렉은 피하고자 하였으나,

신 23:4-6절의 권면까지 거스르며 찾아간 모압 땅에서도 하나님의 징계를 피할 수가 없었다는 사실을 나오미가 고백한 것이지요.

사실 그러한 고백은 사사시대 전체를 통해 드러난 교훈 가운데 하나입니다. 비록 하나님께서 징계를 내리시어 환란과 고난에 처한다 할지라도, 여전히 하나님의 백성들이 의뢰하며 기댈 데는 여호와 하나님이신 것입니다. 그들에게 있는 참된 사사[치리자]요 참된 왕은 오직 여호와 하나님이시니, 하나님께서 당장에 함께 하시어 복을 주실 때 뿐 아니라 징벌하실 때에라도 의뢰하며 붙들 사사요 왕은 오직 여호와 하나님뿐이시라는 사실을 기억해야만 하는 것입니다. 더구나 "엘리멜렉"이라는 이름은 히브리어로 '나의 하나님은 왕이시다'라고 하는 뜻입니다. 그런즉 엘리멜렉과 그의 가족들이 예루살렘에 닥친 흉년을 피해 모압으로 피신한 사건이 그의 죽음과 그의 아들들의 연이은 죽음으로 끝나버리고 만 사실은 결코 간과할 수 없는 심각한 의미를 생각하게 하는 것입니다.

사사시대가 어떤 시대입니까? 삿 2:16-17절에 기록한바 "여호와께서 사사들을 세우사 노략자의 손에서 그들을 구원하게 하셨으나, 그들이 그 사사들에게도 순종하지 아니하고 오히려 다른 신들을 따라가 음행하며 그들에게 절하고 여호와의 명령을 순종하던 그들의 조상들이 행하던 길에서 속히 치우쳐 떠나서 그와 같이 행하지 아니하였"던 시대가 아닙니까. 그러므로 사사기는 말미에 이르기를 "그때에 이스라엘에 왕이 없으므로 사람이 각기 자기의 소견에 옳은 대로 행하였더라."고 했습니다. 이미 사사시대 때에도 이스라엘의 왕은 만왕의 왕이신 여호와 하나님이셨지만, 그 시대를 일컬어 "왕이 없"었다고 기록하고 있는 것입니다.

"엘리멜렉"이라는 이름이 범상치 않은 이유가 바로 여기에 있습니다. '나의 하나님은 왕이시다'라는 이름을 지녔으면서도, 그는 왕이신 여호와의 징계로서 임한 흉년을 피하여 하필이면 가지 말아야할 땅 모압 지방으로 피신했습니다. "그들은 너희가 애굽에서 나올 때에 떡과 물로 너희를 길에서 영접하지 아니하고 메소보다미아의 브돌 사람 브올의 아들 발람에게 뇌물을 주어 너희를 저주하게 하려 하였으나, 네 하나님 여호와께서 너를 사랑하시므로 네 하나님 여호와께서 발람의 말을 듣지 아니하시고 네 하나님 여호와께서 그 저주를 변하여 복이 되게 하셨나니, 네 평생에 그들의 평안함과 형통함을 영원히 구하지 말지니라."고 한 신 23:4-6절 말씀으로 보건데, 엘리멜렉이 그렇게 행한 것은 고스란히 "그때에 이스라엘에 왕이 없으므로 사람이 각기 자기의 소견에 옳은 대로 행하였더라."고 한 사사기의 마지막 구절의 이스라엘 백성들에 대한 평가를 생생하게 입증하고 있는 것입니다.

사실 룻기의 기록 방식은 에스더서와 마찬가지로, 오늘날 우리들이 살아가고 있는 현실과 상당히 닮아 있는 것을 볼 수 있습니다. 즉 하나님의 직접적인 역사가 보이지 않고, 그저 평범한 일상들 가운데서 하나님의 섭리와 자비를 발견해 낼 수 있을 뿐입니다. 그러나 우리가 엘리멜렉이라는 이름의 뜻과 당시에 베들레헴에 있었던 흉년이 의미하는 바, 그리고 사사시대와 열왕국시대에 이르기까지 이스라엘 백성들이 보여준 일관된 완악함이 무엇인지를 생각해 본다면, 그 가운데서 충분히 하나님의 뜻을 분별해 볼 수가 있는 것입니다. 바로 그 사실을 엘리멜렉과 관련한 룻기의 초반 도입부의 짧은 이야기들이 깨닫도록 하고 있습니다. 여호와께로 말미암는 징계로서 내린 흉년을 피하려고 "네 평생에 그들의 평안함과 형통함을 영원히 구하지 말지니라."고 한 말씀을 어겨가며 들어간 모압 땅에서, 엘레멜렉과 그의 두 아들들이 모두 죽고 결국에는 "여호와께서 자기 백성을 돌보시사 그들에게 양식을 주셨다"(룻 1:6)고 하는 소식을 따라서 다시 돌아갈 수밖에 없었던 것을 통해, 비록 하나님께서 징계를 내리시어 환란과 고난에 처한다 할지라도 여전히 하나님의 백성들이 의뢰하며 기댈 데는 여호와 하나님뿐이라는 사실을 깨달을 수 있는 것입니다.

아직 이스라엘 백성들이 왕을 세우기를 원하지 않았던 사사시대의 "엘리멜렉", 곧 '나의 하나님은 왕이시다'라고 하는 뜻의 이름을 지닌 "유다 베들레헴 에브랏 사람"과 그의 가족에 관련한 일들 가운데서, 우리들은 그들을 보호하고 지킬 유일하고 진정한 왕이 누구이신지를 확신할 수가 있는 것입니다. 그 사실은 오늘날 우리들의 시대에도 변함이 없습니다. 하나님의 이름도 하나님의 역사도 뚜렷하게 보이지 않는 에스더서의 사건들과 마찬가지로, 하나님의 이름과 하나님의 역사가 절대적일 수 없는 것 같은 우리들의 시대에도 여전히 우리를 지키시며 보호하실 왕은 여호와 하나님이십니다. 마찬가지로 하나님의 직접적인 역사가 보이지 않고, 그저 평범한 일상들 가운데서 하나님의 섭리와 자비를 볼 수 있는 룻기의 이야기들과 마찬가지로, 하나님의 자비롭고 은혜로우심을 확연하게 찾아보기 어려운 우리들의 시대에 우리가 구하며 기댈 분은 우리의 왕이신 하나님 외에 없다는 사실을 굳게 확신하며 붙들어야만 하는 것입니다.

비록 하나님의 징계로서 흉년과 같은 환란과 시련의 때 가운데 처할지라도 우리가 피하며 찾을 분은 왕이신 여호와 하나님의 자비 외에는 없다는 사실을 굳게 붙들어, 하나님께서 내리시는 것이 징계라고 한다면 그조차 기꺼이 잘 받으며 인내할 수 있는, 신실한 하나님의 백성이요 자녀들이 되시기를 바랍니다.

"붙좇음의 교훈"

- 룻1:6-18절

룻기의 서두 가운데서 우리들은 "사사들이 치리하던 때"(룻 1:1)가 밝은 날이 아니라 어두운 날에 "유다 베들레헴의 한 사람"의 일을 기록한 것이라는 사실을 파악해 보았습니다. 그리고 그런 어두운 때에 그 땅에 든 "흉년"은 그저 자연재해가 아니라 하나님의 징계로써 든 것이었음을 살펴보았습니다. 즉 사사들이 치리하던 때에 그 땅에 들었던 흉년은 하나님의 징계로써 든 것입니다. 그 가운데서 유다 베들레헴에 살던 엘리멜렉이라는 사람이 그 땅에 깃든 환란을 피해 일가족을 모두 이끌고 모압 지방에 가서 거류하였지만, 흉년을 피해 모압 땅에 이주한 결과라고는 과부 나오미와 그의 자부들만이 남겨지는 형편이었던 것을 통해, 여호와 하나님께서 내리신 '징계'(discipline) 혹은 '환란'(tribulation)을 그들이 결코 피할 수가 없었던 것임을 살펴보았습니다. 이를 통해 우리들이 알 수 있었던 교훈은, 비록 하나님께서 징계를 내리시어 환란과 고난에 처한다 할지라도 여전히 하나님의 백성들이 의뢰하며 기댈 데는 여호와 하나님뿐이라는 사실이었습니다. 하나님께서 당장에 함께 하시어 복을 주실 때뿐만 아니라 징벌하실 때에라도, 의뢰하며 붙들 유일한 사사(judge)요 왕은 오직 여호와 하나님뿐이시라는 사실을 기억해야만 하는 것입니다. 또한 하나님의 직접적인 역사라고는 보이지 않고 그저 평범한 일상들 가운데서의 하나님의 섭리와 자비를 볼 수 있는 룻기의 이야기들과 마찬가지로, 하나님의 자비롭고 은혜로우심을 확연하게 찾아보기 어려운 우리들의 시대에도 여전히 우리가 구하며 기댈 분은 만왕의 왕이신 한 분 하나님 외에는 없다는 사실을 굳게 확신하며 붙들어야만 하는 것을 유념한바 있습니다. 비록 하나님의 징계로서 흉년과 같은 환란과 시련의 때 가운데 처할지라도 우리가 피하며 찾을 것은 여호와 하나님의 자비('헤세드') 외에는 없다는 사실을 굳게 붙들어서, 하나님이 내리시는 것이 징계라고 할지라도 그조차 기꺼이 잘 감례하며 인내할 수 있는 신실한 하나님의 백성이요 자녀들이 되어야 함을 확신했던 것입니다.

그런데 오늘 우리들이 살펴보게 되는 룻 1:6-18절의 본문은 바로 그 같은 붙좇음을 담고 있습니다. 시어머니인 나오미를 향한 며느리 룻의 붙좇음 가운데서, 전적으로 하나님만을 붙좇는 신앙의 면모를 살펴볼 수가 있는 것입니다.

먼저 6절 말씀을 보면 "그 여인이 모압 지방에서 여호와께서 자기 백성을 돌보시사 그들에게 양식을 주셨다 함을 듣고 이에 며느리와 함께 일어나 모압 지방에서 돌아오려"고 했다고 기록하고 있습니다. 앞서 룻 1:4절은 "그들이 거기에 거주한 지 십 년쯤"이라고 했는데, 이로 볼 때에 약 십 년 정도쯤 유다 베들레헴에 흉년이 들었던 것으로 보입니다. 십 년 동안이나 유다 베들레헴에는 여호와 하나님의 돌보심이 보이지 않았던 것입니다. 하지만 십년 정도의 흉년 동안에 엘리멜렉과 그의 두 아들들인 말론과 기룐 두 사람이 다 죽고 나오미와 두 며느리들만 남은 형편 가운데서 비로소 유다 베들레헴에 여호와 하나님의 돌보시는 손길, 곧 자기 백성들에게 양식을 주셨다고 하는 소식이 들려왔습니다. 그러므로 이제 나오미는 다시 여호와 하나님의 돌보시는 손길이 있는 유다 베들레헴으로 돌아가는 길만이 유일한 소망이 되었던 것입니다.

그러나 그 길은 결코 달갑게 걸어갈 수 있는 길이 아니었습니다. 이미 그의 남편 엘리멜렉과 두 아들 말론과 기룐까지 죽은 마당에다가 자신을 포함한 세 여인들만이 남은 형편이었는데, 특별히 룻 1:21절에서 나오미는 베들레헴 성읍의 온 백성들에게 "내가 풍족하게 나갔더니 여호와께서 내게 비어 돌아오게 하셨느니라. 여호와께서 나를 징벌하셨고 전능자가 나를 괴롭게 하셨거늘 너희가 어찌 나를 나오미(즉 '희락')라 부르느냐"고 한 것을 볼 수 있습니다. 무엇보다 나오미는 그 모든 형편과 상황에 대해, 하나님의 징벌이요 하나님의 치심이라고 생각하고 있었습니다. 13절에서 나오미는 두 며느리들에게 "여호와의 손이 나를 치셨"다고 했고, 20절에서도 이르기를 "전능자가 나를 심히 괴롭게 하셨음이니라"고 한 것입니다.

이처럼 나오미의 마음은 남편과 아들들을 잃은 괴로움과 파산에 더하여, 그 모든 일들이 하나님의 징벌하심으로 인한 것이라고 하는 괴로움이 극심한 형편이었습니다. 그에게 하나님의 자비는 전혀 보이지 않으며, 오히려 하나님의 징벌과 그로인한 괴로움만 극심한 상황이었던 것입니다. 결국 나오미는 절망적이고 수치스런 형편 가운데에 두 젊은 며느리까지 동참시킬 수 없다는 생각을 했던 것 같습니다. 8-9절에서 나오미는 두 며느리에게 "너희는 각기 너희 어머니의 집으로 돌아가라. 너희가 죽은 자들과 나를 선대한 것같이 여호와께서 너희를 선대하시기를 원하며, 여호와께서 너희에게 허락하사 각기 남편의 집에서 위로를 받게 하시기를 원하노라"고 말함으로써, 두 며느리들이라도 자유롭게 되기를 원한 것입니다. 나오미는 더 이상 그 두 며느리들에게 짐이 되는 어머니가 될 수 없는 형편이었습니다. 그러므로 이제 그 두 며느리의 어머니는 나오미가 아니라 모압 지방에 있는 친정어머니임을 밝히고 있는 것입니다. 아울러 그 두 며느리들의 유일한 소망은 친정어머니의 슬하에 있으면서 다른 남편을 얻는 것이라는 사실을 알리어 인정하고자 한 것이 바로 "너희는 각기 너희 어머니의 집으로 돌아가라……여호와께서 너희에게 허락하사 각기 남편의 집에서 위로를 받게 하시기를 원하노라"는 말이었던 것입니다.

하지만 잘 알고 있는 바와 같이 두 며느리들은 그런 시어머니 나오미에게 끝까지 무정하지 않았습니다. 남편을 잃고 경제적으로도 파산한 형편에 빈 손으로 낯선 베들레헴 땅에 들어가야만 할 뿐 아니라, 결코 그들에게 호의적일 것 같지도 않은 백성들에게로 향하여야 하는 상황이라는 점에서 그들은 얼마든지 나오미를 버려두고 떠날 수 있었음에도 불구하고, 그들은 결코 나오미를 버려두고서 자신들의 안위만을 위해 고향으로 돌아가기를 원치 않았습니다.

사실 엘리멜렉이 모압 지방으로 피신한 기간이 대략 십년 정도였던 것으로 보건데, 아마도 두 며느리들은 신혼의 상황에서 남편들의 죽음을 맞았던 것으로 보입니다. 더구나 아직 자녀를 나은 것도 아니었던 것으로 볼 때에, 그들은 얼마든지 고향땅에서 새로운 인생을 계획할 수 있는 상황입니다. 그에 반해 유다 베들레헴으로 돌아가야만 하는 나오미의 형편은 그야말로 "죽으면 죽으리이다"(에 4:16)라고 한 에스더의 경우와 같은 상황, 오히려 누군가의 도움이 없이는 결코 살아갈 수가 없는 형편입니다. 혼자서 베들레헴에 돌아가는 일도 만만치 않겠지만, 무엇보다 베들레헴에 돌아간 뒤에야말로 과부와 고아들을 돌보도록 되어있는 율법이 이스라엘에서 존중되는지의 여부 외에는 아무런 기댈 곳이 없는 것이 나오미의 형편이었던 것입니다. 아마도 두 며느리들은 그런 나오미의 형편을 잘 알고 있었을 것입니다. 그러니 울면서 "우리는 어머니와 함께 어머니의 백성에게로 돌아가겠나이다."라고 말했던 것입니다.

이제 나오미의 형편은 며느리들을 전혀 보살필 수가 없

으며, 오히려 며느리들이 나오미를 보살펴야만 하는 형편입니다. 그것도 젊은 과부들로서 낯선 이방 땅, 그것도 자신들에게 결코 호의적일 수 없는 역사적 배경을 지닌 유다 백성들 가운데서 시어머니 나오미를 보살펴야만 하는 것이 바로 두 며느리들의 형편인 것입니다. 이런 형편 가운데서 나오미는 도저히 두 며느리들에게 자신을 부양하도록 하는 부담을 지울 수가 없었습니다. 자신으로 말미암아 아직 젊고 자식들도 없는 두 며느리의 인생이 자신과 같이 죽을 때까지 과부로 살아가도록 할 수 없었던 것입니다. 무엇보다 아무런 소망이나 기대도 가질 수 없는 나오미의 절망적인 형편은 11절과 13절 가운데서 극명하게 표현되고 있는데, 11절과 13절에서 나오미는 이르기를 "너희가 어찌 나와 함께 가려느냐 내 태중에 너희의 남편 될 아들들이 아직 있느냐……나는 늙었으니 남편을 두지 못할지라 가령 내가 소망이 있다고 말한다든지 오늘 밤에 남편을 두어 아들들을 낳는다 하더라도, 너희가 어찌 그들이 자라기를 기다리겠으며 어찌 남편 없이 지내겠다고 결심하겠느냐."라고 기록하고 있습니다. 한마디로 나오미에게는 아무런 소망이 없습니다. 여자로

서 최소한의 희망이라 할 수 있는 자손에 대한 소망조차
도 이제는 전혀 바랄 수 없는 형편인 것이 바로 나오미의
처지인 것입니다.

사실 우리 사회에서도 오래도록 그랬었던 것처럼, 고대
중근동의 문화 가운데서도 여자가 자손을 낳을 수 없다
는 것은 그 자체로 이미 죽은 것과 같았습니다. 우리 문
화에서 아이를 낳을 수 없는 여자를 가리켜서 '석녀'(石女)
라 칭하는 것처럼, 고대 중근동의 문화 가운데서도 아이
를 낳을 수 없는 것은 하나님의 징계 혹은 소망이 없음
을 단적으로 나타내는 증거로 여겨졌던 것입니다. 이처
럼 남편 엘리멜렉과 두 아들 말론과 기론이 죽고, 그나마
풍족하게 나갔던 그 길을 빈 손으로 돌아와야만 하는 나
오미의 형편은 그야말로 절망적인 상황, 살아는 있어도
이미 죽은 것과 다름이 없는 소망이 없는 완전한 파산의
형편이었던 것입니다. 그러므로 며느리들로서도 더 이상
그런 시어머니의 뜻을 마다하기 어려웠을 것입니다. 모
든 소망이 다 끊어진 마당에 그 절망적인 형편을 옆에서
차마 지켜볼 수는 없는 것이지요. 요즘으로 치자면 '존엄

사'(death with dignity)라는 말에서 찾아볼 수 있는 최소한의 존엄성이라도 보장할 수 있는 길은, 조용히 시어머니의 곁을 떠나서 그저 시어머니의 안녕을 기원하는 것이라고 생각할 수 있는 것입니다.

그런데 의외의 일이 나오미에게 발생합니다. 며느리 오르바가 보여준 것처럼 그쯤 되면 조용히 시어머니 곁을 떠난다고 해도 전혀 문제될 것 없고, 오히려 그렇게 하는 것이 이제 죽을 일만 남은 시어머니 나오미의 마음을 조금이라도 편케 하는 일이건마는, 며느리 룻은 끝까지 시어머니 나오미 곁을 지키겠다고 한 것입니다. 더구나 그 때에 며느리 룻의 태도는 결코 완곡한 인사치례가 아닙니다. "붙좇았더라"고 번역한 것에서 알 수 있듯이, 며느리 룻은 나오미에게 꼭 붙어서 결코 떨어지려 하지를 않았습니다. 아마도 오르바는 시어머니의 거듭된 만류가 그들에 대한 간곡한 부탁의 말이라는 것을 알고서 룻을 만류하려고 했을 것이지만, 룻은 오히려 시어머니 나오미의 곁에서 그야말로 붙어서 떨어지려 하지를 않았던 것입니다.

그러자 나오미는 세 번째로 룻을 만류하고 타이르기를 "보라 네 동서는 그의 백성과 그의 신들에게로 돌아가나니 너도 너의 동서를 따라 돌아가라"(15절)고 말합니다. 고대 중근동의 문화에서 각 나라의 신들은 그 나라의 문화와 정체성에 대한 확고한 심벌(symbol)이었습니다. 그러므로 엘리멜렉 일가가 유다 베들레헴을 떠나 모압 지방에 이르러 살았던 것은, 결코 간단하지 않은 의미의 사건인 것입니다. 무엇보다 신 23:3-6절에서 여호와의 총회에 들어오지 못할 사람들로 언급한 모압 사람들과 함께 교통하며 십년의 세월을 살았다는 것은, 모압의 신 그모스를 숭상하는 문화와 결코 무관하다고 볼 수가 없을 것입니다.

아마도 엘리멜렉은 그 자신의 이름에 내포된 '나의 하나님은 왕이시다'라는 의미에 대해 심적인 부담을 느끼게 하는 문화 가운데서 살아왔을 것이니, 그런 엘리멜렉이 여호와 하나님을 섬기는 베들레헴을 떠나 그모스를 숭상하는 땅 모압에서 살았던 것은, 이스라엘의 왕이신 하나님의 다스림을 피하는 것과도 같은 비유적 사건인 것입니다. 어쨌든 나오미는 이제 모압 여인으로서의 정체성에 호소하며 너의 백성들과 너의 신에게로 돌아가라고 하는 결정적인 권면을 하게 된 것입니다. 특별히 15절에서 "신들에게로 돌아가나니"라고 한 것에서 알 수 있듯이, 모압과 유다 베들레헴은 근본적으로 전혀 다른 종교 문화권에 속한다는 점에서 가장 결정적으로 룻의 마음에 부담을 줄 수 있는 말이었을 것입니다.

하지만 그럼에도 불구하고 룻은 16절에서 이르기를 "내게 어머니를 떠나며 어머니를 따르지 말고 돌아가라 강권하지 마옵소서, 어머니께서 가시는 곳에 나도 가고 어머니께서 머무시는 곳에서 나도 머물겠나이다."라고 했습니다. 아울러 이르기를 "어머니의 백성이 나의 백성이 되고 어머니의 하나님이 나의 하나님이 되시리니"라고 하여, 앞으로 시어머니 나오미의 모든 정체성을 그대로 따라서 살아갈 것임을 분명하게 밝히고 있습니다. 무엇보다 17절에서 룻은 이르기를 "어머니께서 죽으시는 곳에서 나도 죽어 거기 묻힐 것이라. 만일 내가 죽는 일 외에 어머니를 떠나면 여호와께서 내게 벌을 내리시고 더

내리시기를 원하나이다."라고 하여, 이미 그의 온 마음
이 나오미에게 그야말로 붙어있음을 밝히고 있습니다.

그런데 이 같은 룻의 태도와 관련하여 왜 그녀가 나오미
에게 그처럼 굳게 붙어있기를 원했는지에 대한 단서를
찾을 수 있는 본문이 있으니, 그것은 바로 8절의 "너희
가 죽은 자들과 나를 선대한 것같이 여호와께서 너희를
선대하시기를 원하며" 라고 한 나오미의 말입니다. 오르
바와 룻, 특히나 룻의 마음이 그처럼 나오미에게 굳게 붙
어 있었던 것은, 나오미가 베들레헴으로 돌아가기로 결
정한 그 때가 아니라 이미 오래 전부터 그처럼 굳은 신뢰
로 붙어 있었음을 8절의 언급 가운데서 충분히 짐작할 수
가 있는 것입니다. 이로 보건데 나오미는 결코 베들레헴
에 빈손으로 들어가는 것이 아닙니다. 또한 하나님께서
는 나오미를 비어 돌아오게 하신 것이 아니니, 모압 지방
의 며느리 룻이야말로 그야말로 굳게 붙어있는 가장 든
든한 위로와 소망의 씨였던 것입니다. 아마도 십년 동안
이나 되는 긴 흉년의 기간 동안에, 나오미가 보기에 하나
님의 헤세드는 전혀 비취지 않는 것 같았을 것입니다. 오

히려 십년이 지나서야 여호와께서 자기 백성들 돌보신다
는 헤세드의 소식이 베들레헴에서 들려왔어도, 자신에게
는 그야말로 때리시는 하나님의 매운 손길과 괴로움만이
있을 뿐이라고 생각했겠지만, 사실은 그 곁에서 오르바
와 룻이 항상 하나님의 헤세드를 드리우고 있었던 것입
니다. 바로 그러한 헤세드의 실체가 그를 붙좇는 룻의 모
습으로 비로소 확연히 드러난 것이니, 바로 이러한 하나
님의 헤세드, 곧 자비를 분별할 수 있어야 하는 것이 우
리 믿음의 견고함이요 풍성함인 것입니다. 비록 왕이 없
으므로 각자 자기들의 소견에 옳은 대로 행하던 사사시
대의 이스라엘 백성들 대부분이 만왕의 왕이신 하나님이
신 그들의 하나님이야말로 왕이시라는 사실을 전혀 간과
하고 있었지만, 하나님께서는 그 가운데서도 언제나 그
들에게 선대하셨다는 사실이 오르바와 룻의 선대가운데
담겨 있었던 것이지요. 마찬가지로 왕이신 하나님의 징
계를 피해, 그모스를 섬기는 이방 모압 지방으로 피신하
는 가운데서 남편과 두 아들마저 잃고 그야말로 빈손으
로 돌아오는 것 같은 괴로운 나오미에게 여전히 하나님
의 자비가 붙어 있음이, 그를 붙좇는 룻의 모습 가운데 드

러나 있는 것입니다.

하나님께서 택하신 그의 백성들에 대한 신실함, 하나님의 헤세드란 바로 이와 같은 것입니다. 도무지 아무것도 남지 않은 것처럼 보이는 절망적인 형편, 하나님의 치시는 손길임을 분별하면서도 도무지 아무 말도 할 수 없는 참담하고 고통스러운 상황과 형편일지라도, 하나님의 자비와 은혜는 그의 택하신 백성들에게 그야말로 굳게 붙어있다는 사실을, 나오미를 붙좇는 룻의 모습이 생생하게 예표하고 있는 것입니다.

그렇다면 지금 우리들의 형편이 어떠합니까? 아마도 그럭저럭 살아가고 있지만, 언제라도 하나님께서 징벌하시어 괴롭게 하신다고 해도 도무지 할 말이 없는 비천한 신앙의 모습이 아닙니까? 이 시대의 세속적인 문화들뿐만 아니라, 믿음이 있노라 말하는 신자들의 신앙과 생활조차도 결코 거룩하고 정결한 것이 못 된다는 사실을 결코 부인할 수가 없는 것입니다. 엘리멜렉이라는 이름이 뜻하는 바와 같이 우리에게야말로 하나님이 왕이시지만, 엘리멜렉이 그랬던 것처럼 우리들도 늘 하나님의 징계를 피해 멀리로 도망하는 삶을 살아가고 있음을 부인하기 어렵습니다. 무엇을 먹을까 무엇을 입을까 늘 염려하기는 해도, 먹든지 마시든지 하나님의 영광을 위하지는 않는 것이 오늘 우리들의 보편적인 신앙수준이요 헌신의 모양이 아닙니까? 힘에 지나도록 헌신하여 연보하기는커녕, 십일조를 지금도 해야 하는가? 생각하는 것이 오늘 우리 시대의 신앙의 수준이니, 그런 우리 시대의 모습이야말로 왕이신 하나님을 구체적으로 섬기고 숭상하기를 부인하는 패역한 모습인 것입니다.

그러나 그처럼 어두운 시대, 사사들이 치리하던 때에 그 땅에 흉년이 들었던 것처럼, 말씀도 진리도, 헌신도 열심도 찾아보기 어려운 그야말로 더욱 어두운 이 시대에도, 하나님의 자비 곧 헤세드는 여전히 우리에게 굳게 붙어 있음을, 룻 1:6-18절 말씀이 분명하게 드러내주고 있습니다. 하나님의 자비는 이를 전혀 기대하기 어려운 가운데서도 언제든지 우리에게 그야말로 붙어있다는 사실을, 시어머니 룻을 붙좇는 모압 며느리 룻이 분명하게 증거해주고 있습니다.

하지만 모압 족속이 어떤 족속입니까? 이스라엘 백성들이 애굽에서 나올 때에 떡과 물로 영접하지 아니하고, 메소보다미아의 브돌 사람 브올의 아들 발람에게 뇌물을 주어 이스라엘 백성들을 저주하게 하려 했었던 자들이 아닙니까! 비록 그들의 하나님 여호와께서 그들을 사랑하시므로 발람의 말을 듣지 아니하시고 그 저주를 변하여 복이 되게 하셨지만, 그 일로 인해 결코 평안함과 형통함을 영원히 구하지 말아야 했던 자들이 바로 모압족속이 아닙니까! 그러므로 모압 족속은 영원히 이스라엘 총회에 들 수 없는 자들이었던 것입니다.

그러나 그런 모압 족속 가운데서 취한 이방 여인 오르바와 룻이 그 시어머니 나오미에게 보여준 헌신과 섬김 가운데에 참으로 기이하기까지 한 하나님의 헤세드가 담겨 있지 않습니까? 흉년의 징벌 가운데서 이방 땅 모압으로 도피한 유다 베를레헴의 백성 엘리멜렉과 그의 두 아들 말론과 기룐, 무엇보다 혼자 살아남게 된 나오미에게, 하나님께서는 전혀 예상하지 못한 이방 며느리 오르바와 룻을 통해서 그 자비와 긍휼의 손길을 여실히, 그리고 가장 가까이에 드리우셨으니, 오늘 우리들의 시대가 보여주는 미약함과 불경스러움, 세속화된 불신앙과 온갖 부패한 모습들 가운데서도 여전히 하나님께서는 그의 백성들을 붙좇고 계심을 기억하시기를 바랍니다. 상황과 형편이 아무리 힘들며 낙담할 수밖에 없는 상황이라 하더라도, 우리가 기억하고 붙들 유일한 소망은 바로 우리에게 여전히 하나님의 자비와 사랑이 붙어 있다는 믿음에 있는 것입니다. 바로 그 믿음을, 나오미를 붙좇는 룻이 분명하게 증거하고 있으니 말입니다. 바로 그 같은 믿음과 굳은 신뢰로, 곤란하고 괴로운 형편을 핑계 삼아 나태하고 부끄러운 낙심과 자포자기의 길로 향할 것이 아니라 오히려 더욱 헌신하며 열심을 다하는 온전한 믿음을 굳게 결심하고 붙들기를, 아니 붙좇기를 권면하는 바입니다.

"우리를 거슬러 증거하시는 하나님"

- 룻1:19-22절

우리들은 룻 1:6-18절의 말씀, 그 가운데서도 더 이상 모
압의 며느리들에게 어머니가 되어줄 수 없게 된 시어머
니 나오미를 이상스러울 만큼 붙좇았던 룻의 모습 가운
데서 하나님의 헤세드를 발견했습니다. "엘리멜렉" 곧,
'나의 하나님은 왕이시다'라는 뜻을 담고 있는 유다 베들
레헴의 한 사람이 그 땅에 든 흉년을 피해서 모압 지방에
갔다가 십년의 세월을 보내는 동안, 엘리멜렉과 두 아들
"말론"과 "기룐"까지 그야말로 한 집안의 모든 남자들이
죽고, 쓸쓸하게 고향땅으로 되돌아가게 된 나오미를 붙
좇은 룻의 범상치 않은 태도가 바로 하나님의 헤세드로
말미암은 것이었음을 확인한 것입니다. 룻 1:21절의 나

오미의 고백처럼 유다 베들레헴을 떠날 때에는 남편 엘리멜렉과 두 아들 말론 그리고 기룐을 앞세워서 그래도 새로운 희망을 기대하는 마음으로 길을 나섰건만, 이제 엘리멜렉도 두 아들 말론과 기룐도 다 죽고 그야말로 빈털털이로 파산하게 되어 돌아오는 형편 가운데서도 하나님께서는 모압 며느리 룻의 마음이 나오미를 붙좇도록 하셨으니, 바로 그 룻이야말로 나오미의 유일하고도 가장 큰 위로이자 하나님의 헤세드를 볼 수 있도록 암시하고 있는 단적인 예표였습니다. 비록 '나의 하나님은 왕이시다'라는 뜻을 지닌 남편 엘리멜렉은 양식을 찾아서 이방신 그모스를 섬기는 모압 지방에 가서 거류했었지만, 그 곳 모압에서도 여전히 소망이 되는 것은 하나님의 헤세드 뿐이라는 사실, 바로 그 하나님의 헤세드로 말미암아 모압 며느리 룻의 마음이 이상하리만치 시어머니 나오미를 붙좇았던 것임을 알 수가 있는 것이지요.

한마디로 우리들이 처하는 어떤 상황과 형편 가운데서도, 우리를 택하시고 우리를 보호하시며 인도하시는 하나님의 자비로우신 손길은 그야말로 '불가항력적'(Irresistible)이라는 사실을 룻이 그토록 시어머니 나오미를 붙좇았던 태도 가운데서 생생하게 확인할 수가 있었으니, 바로 그 사실이야말로 우리에게 있는 가장 큰 위로요 소망임을 확신할 수가 있는 것입니다. 그러므로 룻 4:15절에서 베들레헴의 여인들은 나오미를 붙좇으며 극진히 봉양한 룻에 대하여 이르기를, "너를 사랑하며 일곱 아들보다 귀한 네 며느리"라고 칭했던 것입니다. 특별히 히브리어의 완전수인 일곱을 언급하여 "일곱 아들(즉 모든 아들)보다 귀하"다고 할 정도로, 모압 며느리 룻에 대해 극진한 칭찬을 아끼지 않았습니다. 비록 남편 엘리멜렉도 죽고 두 아들 말론과 기룐도 죽어 자손을 이을 소망이라고는 완전히 끊긴 것이 나오미의 형편이었지만, 그러한 가운데서도 하나님께서는 모든 아들들보다 귀한 며느리 룻을 붙좇도록 하셨으니, 베들레헴의 여인들이 보기에도 그보다 값진 은혜는 없었던 것이지요.

하지만 그럼에도 불구하고 베들레헴으로 돌아온 나오미의 형편은 전혀 소망이 없는 것으로만 보였습니다. 심지어 며느리 룻과 함께 십년 만에 베들레헴에 돌아왔을 때에, 온 성읍의 사람들이 떠들썩하게 그녀를 맞았을 때에, 그녀를 가리켜 "이이가 나오미냐"고 할 정도로 나오미의 모습은 형편없는 몰골로 변모해 있었습니다. 흉년으로 인해 모압 지방에 피신했던 십년의 기간 동안, 엘리멜렉의 가족들은 결코 평안할 수가 없었던 것입니다. 오히려 남편과 두 아들까지 모두 잃고 그야말로 풍족하게 나갔다가 텅 비어 돌아오게 된 그녀의 사정을, 그녀의 초라하고 형편없는 몰골이 고스란히 증명해 줄 만큼 모압 지방에 거주했던 십 년의 세월은 참으로 고단한 세월이었던 것이지요. 그런 모압에서의 세월에 대해 나오미는 룻 1:21절에서 이르기를 "여호와께서 나를 징벌하셨고 전능자가 나를 괴롭게 하셨"다고 했습니다.

사실 "여호와께서 나를 징벌하셨"다는 표현은, 오히려 "여호와께서 나를 거슬러 증거하셨"다고 해야 마땅합니다. 히브리어 "아나 비"라는 짧은 문장은 '대항하여 말하다'라는 뜻으로서, 출 20:16절이나 민 35:30절의 용례와 같이 법정적인 상황에서 '대항하여 증언하다' 라는 의미를 지니는 문장이기 때문입니다. 그러므로 킹 제임스

영역에서는 그러한 히브리어 문장의 의미를 잘 살려서 "seeing the LORD hath testified against me"라고 번역한 것을 볼 수가 있습니다. 한마디로 하나님께서 나오미의 길을 거슬러 그에게 증거하신 것입니다. 그럼에도 이제 나오미는 그를 거슬러 증거하신 하나님으로 말미암아 도무지 희락을 생각할 수 없게 되었습니다. 그의이름은 더 이상 희락이라는 뜻의 "나오미"가 아니라, 쓰디 쓴 고통의 이름 "마라"라 부르는 것이 타당하다고 생각할 수밖에 없게 된 것입니다.

그러나 이미 1장 초반부의 구절들 가운데서 살펴본 바와 같이, 나오미는 그처럼 쓰디 쓴 인생의 고통을 당하면서도 결국 떠나왔었던 베들레헴으로 다시 돌아올 수밖에 없었습니다. 비록 그 빵집에 빵이 사라짐으로 말미암아 오래 전 출애굽 한 조상들을 박대했었던 민족의 땅 모압 지방으로 향해야 했었지만, 그처럼 쓰디 쓴 고통 가운데서도 그가 의지할만한 소식은 "여호와께서 자기 백성을 돌보시사 그들에게 양식을 주셨다"(룻 1:6)고 하는 베들레헴의 소식밖에는 없었던 것입니다. 하나님께서는 비록 나오미를 거슬러 고통스런 증거를 하셨지만, 그럼에도 불구하고 나오미가 돌아갈 곳은 그 옛날에 빵 굽는 냄새가 사라졌었던 베들레헴이었습니다.

그런데 룻기 1장은 왜 엘리멜렉이 모압 지방에서 죽어야만 했었는지, 그리고 왜 연이어서 그의 두 아들 말론과 기론 또한 죽었는지에 대한 아무런 정황도 드러내지 않고 있습니다. 뿐만 아니라 왜 그토록 고통스럽고 쓰라린 인생의 길 가운데서 나오미는 죽지 않고 살아남았는지, 그리고 돌아오는 그 길에 왜 모압 며느리 룻만이 동행했었는지 등에 대한 아무런 정보도 제공하지 않았습니다. 그러므로 그 모든 일들이 전능하신 하나님으로 말미암은 것이라는 나오미의 쓰라린 고백 말고는 어디에서도 그 모든 일들에 관한 이유나 원인을 생각해 볼 수가 없습니다.

반면에 우리들의 일상 가운데서 당하는 대부분의 고통과 쓰라린 현실들은 우리 스스로가 그 이유와 원인을 알고 있는 경우가 대부분입니다. 우리에게 어떤 탁월한 분별력이 있어서가 아니라 우리들 자신의 잘못과 죄악으로 말미암아 당연히 받아야 할 결과로서 당하는 고통들이 대부분이라는 점에서, 우리들은 그러한 고통의 이유와 원인을 분명하게 알고 있는 경우가 대부분이라는 것입니다.

그러나 때때로 우리들도 도무지 그 이유와 원인을 찾을 수 없는 고통을 겪게 되는 수가 있는데, 그런 경우를 가리켜서 '환란' 혹은 '시련'이라고 말합니다.

무엇보다 그러한 고난이 돌발적인 사고와 같은 것이 아니라 긴 시간 가운데서 점철되는 고난의 인생사라고 할 적에, 그것은 그야말로 "마라", 곧 '괴로움'이요 극심한 '고난'일 것입니다.

하지만 오늘 우리들이 살펴보는 룻기 1장의 후반부 구절들은, 그처럼 고난에 처한 나오미에게 일말의 소망을 드리우는데, 특별히 22절은 이르기를 "그들이 보리 추수 시작할 때에 베들레헴에 이르렀더라."고 했습니다. 나오미가 떠나오던 때에 유다 베들레헴에는 흉년이 들어서 빵 굽는 냄새를 맡을 수가 없는 형편이었지만, 다시 돌

아오는 베들레헴에는 보리 추수와 더불어 곳곳에서 곡
식들이 익어가는 냄새가 풍겨나는 희망어린 형편이었던
것입니다.

사실 가나안 지방이었던 이스라엘에서는 3월 중순부터
4월 중순 사이로 밀보다 앞서 보리를 수확했습니다. 그
리고 보리를 수확하기 시작해서 약 2주 뒤에는 밀도 수
확할 수 있었는데, 나오미가 며느리 룻과 함께 유다 베들
레헴에 도착한 시기가 마침 보리 추수를 시작할 때였으
므로, 적어도 두 달 가까이의 기간 동안에 베들레헴에는
추수의 기쁨과 희락이 넘쳐날 때였습니다. 비록 나오미
가 베들레헴을 떠나 모압 땅에 이르러서 겪은 고난들은
"마라"라 칭할 수밖에 없는 괴로움의 연속이었지만, 이
제 다시 모압을 떠나 돌아온 베들레헴에서는 희락이 시
작되고 있었으니, 이미 나오미에게 다시금 위로와 희락,
곧 하나님의 헤세드가 예비되고 있었던 것입니다. 한마
디로 나오미는 애통하는 가운데서 다시 유다 베들레헴으
로 돌아왔지만 이제 그 애통함, 차마 희락을 얘기할 수
없었던 나오미의 심중에 다시 희락의 때가 이를 것이라

는 밝은 미래를 짐작해 볼 수 있는 참으로 기분 좋은 분위기가 무르익고 있는 것이 바로 룻기 1장의 마지막 구절인 것입니다.

룻기 1장은 사실 6절 이후로 계속해서 '돌아옴'이라는 말이 반복적으로 사용되고 있습니다. 룻기 1장은 흉년을 피해서 모압 지방으로 갔다가 돌아오는 노정에 관하여 시종일관 기술하되, 그 돌아옴이 앞으로 희락으로 이어질 것임을 암시하는 "그들이 보리 추수 시작할 때에 베들레헴에 이르렀더라."고 하는 말로써 헤세드의 밝은 빛을 드리우기 시작하고 있는 것입니다.

그런데 룻기 1장에 기록되어 있는 이러한 돌아옴에 관련한 의미를 확실하게 풀어내고 있는 구절이, 구약성경 호 6:1절에 기록되어 있습니다. 즉 "오라 우리가 여호와께로 돌아가자 여호와께서 우리를 찢으셨으나 도로 낫게 하실 것이요 우리를 치셨으나 싸매어 주실 것임이라."는 말씀을 바탕으로, 룻기에 기록된 돌아옴이 어떻게 이어질지를 짐작할 수 있는 것입니다.

이미 확인한 바와 같이 룻 1:6절은 이르기를 "그 여인이 모압 지방에서 여호와께서 자기 백성을 돌보시사 그들에게 양식을 주셨다 함을 듣고 이에 두 며느리와 함께 일어나 모압 지방에서 돌아오려" 했다고 기록했습니다. 마치 호 6:1절에서 선지자 호세아의 입술을 통해 "오라 우리가 여호와께로 돌아가자"고 말함과 같이, 그모스를 섬기는 모압의 두 며느리들까지 나오미와 함께 여호와를 섬기는 유다 베들레헴 땅으로 돌아가게 된 것입니다. 또한 "오라 우리가 여호와께로 돌아가자"고 말하는 선지자 호세아는 아울러 이르기를 "여호와께서 우리를 찢으셨으나 도로 낫게 하실 것이요 우리를 치셨으나 싸매어 주실 것임이라."고 했으니, 여호와께서 자기 백성을 돌보시사 그들에게 양식을 주셨다 함을 듣고서 돌아오는 나오미의 형편이 비록 애통함 가운데서 "여호와의 손이 나를 치셨"(룻 1:13)다고 말하며, "전능자가 나를 심히 괴롭게 하셨음이니라."고 고백할 수밖에 없는 처지일지라도, 여호와께서 결국 그녀의 고통을 싸매어 주실 것이요 낫게 하실 것을 짐작할 수가 있는 것입니다. 그러므로 선지아 호세아는 마치 나오미에게 말하기라도 하는 듯이 호 6:2절에서 계속 이르기를 "여호와께서 이틀 후에 우리를 살리시며 셋째 날에 우리를 일으키시리니 우리가 그의 앞에서 살리라."고 했습니다. 비록 모압 지방에서는 남편 엘리멜렉과 두 아들 말론과 기룐의 죽음으로 그녀의 마음을 찢으셨지만, 다시 베들레헴에 돌아온 뒤에는 그녀를 살리실 것이 분명한 것입니다.

하지만 여호와 하나님께로 돌아오는 자들에 대한 하나님의 헤세드는 그 뿐이 아닙니다. 호 6:2절에서 선지자 호세아를 통해 계속해서 이르신 말씀에 따르면 "셋째 날에 우리를 일으키시리니 우리가 그의 앞에서 살" 것이기 때문입니다. 여호와 하나님의 헤세드는 돌아오는 이스라엘의 회복만이 아니라, 우리를 일으키시는 셋째 날에까지 이르는 것이니, 우리가 비로소 그의 앞에서 영원히 살게 될 것을 명백히 밝히고 있습니다.

익히 짐작할 수 있는 바와 같이 "셋째 날에 우리를 일으키시리니"라는 말씀은, 예수 그리스도의 부활과 또한 그로 말미암는 자들의 부활을 가리키는 말씀입니다. 아울러 "우리가 그의 앞에서 살리라"는 말씀은 또한 하나님 앞에서 영영히 떠나지 않고 머무르게 될 '영생의 복락'을 나타내는 말씀입니다. 그러므로 하나님께서는 비록 나오미로 하여금 유다 베들레헴에 비어 돌아오게 하셨을지라도, 그 돌아옴은 단순히 양식을 구하기 위해서 돌아오는 것이 아니라 여호와께로 돌아오기까지 진행될 것임을 알 수 있습니다. 비록 여호와께서 그로 징벌하셨고 그를 괴롭게 하셨을지라도, 베들레헴으로 돌아오는 나오미와 룻에게는 호 6:2절 말씀대로 이틀 후와 더불어 셋째 날까지도 예비하셨다는 사실이 "보리 추수 시작할 때에" 라는 문구에 드리워져 있는 것입니다.

이처럼 나오미가 겪은 괴로움, 21절에 기록한 바와 같이 여호와께서 그녀를 거슬러 증거 하셨던 괴로운 징벌로 말미암는 애통함이 앞으로 어떻게 해결될 것인지에 대한 단서를, 호 6:1절과 2절 말씀이 밝게 나타내 주고 있는 것입니다. 무엇보다 마5:4절에서 예수 그리스도께서는 친히 이르시기를 "애통하는 자는 복이 있나니 그들이 위로를 받을 것임"이라고 말씀하셨습니다. 비록 베들레헴에 돌아와서도 여전히 나오미의 마음에 애통함만이 가득했을지라도, 바로 그 애통함이 복이 되어 위로를 받을 때가 반드시 이를 것을 주께서도 분명하게 말씀하신 것입니다.

사실 룻기에서, 나오미는 그녀의 괴로움과 애통함이 복이 되어 위로함을 받을 것이라고는 전혀 짐작할 수 없었을 것입니다. 호 6:1절에서 선지자는 "오라 우리가 여호와께로 돌아가자 여호와께서 우리를 찢으셨으나 도로 낫게 하실 것이요 우리를 치셨으나 싸매어 주실 것임이라."고 말하지만, 선지자의 그러한 외침은 나오미로서는 전혀 들을 수 없는 먼 후대의 일입니다. 또한 주께서는 친히 "애통하는 자는 복이 있나니 그들이 위로를 받을 것임"이라고 말씀하셨지만, 그 목소리를 나오미는 결코 들을 수가 없었습니다. 나오미는 단지 전능자이신 여호와의 손이 자신을 치신 것과 여호와께서 그를 비어 돌아오게 하신 것, 그리고 여호와께서 그를 징벌하셨고 전능자가 그를 거슬러 괴롭게 하셨다는 사실을 고백할 뿐, 여호와께서 도로 낫게 하실 것과 싸매어 주실 것을 전혀 짐작할 수 없었던 것입니다.

하지만 나오미에게 있었던 그 모든 괴로운 일들은 단순히 나오미 자신만이 아니라 여호와께로 돌아와야만 했었던 모든 백성들, 바로 이방인이었던 우리들까지도 포함하는 모든 주의 백성들을 위하여 겪으며 기록되도록 하신 것입니다. 바로 우리들이야말로 나오미의 그 모든 괴로움과 애통함 가운데서 이틀 후와 셋째 날의 복을 바라보아야하기 때문입니다.

모압에서 십년 동안의 괴로움 가운데 애통했던 나오미가 유다 베들레헴으로 돌아와 "보리 추수 시작할 때에" 이르러 새로운 소망과 위로를 바라보게 된 것과 같이, 오늘 우리들의 시대야말로 수고하며 애통하는 심령으로 하나님께로 나아오는 자들은 복이 있을 것입니다. 주님은 그런 무리들, 애통하는 마음 가운데서 하나님께로 나아온 자들에게 이르시기를 "그들이 위로를 받을 것임"이라고 말씀하셨기 때문입니다.

그러나 그 모든 복과 위로는 당장 눈앞에 펼쳐진 것이 아니라 이틀 후와 셋째 날에 이르게 될 것들입니다. 베들레헴에 돌아온 나오미에게 당장에는 아무런 소망이나 보장도 없었던 것처럼, 당장의 현실과 고난 가운데 애통하는 자들에게 제시되는 것 또한 우선은 그 어떤 소망이나 보장도 확실하게 보이지 않는 것입니다.

그러므로 애통하는 신자들에게는 반드시 '믿음'이 요구됩니다. 당장에 얻을 수 있는 증거나 보증이 아니라, "애통하는 자는 복이 있나니 그들이 위로를 받을 것임"이라는 주님의 말씀을 확신 있게 들을 수 있는 믿음의 귀가 필요한 것입니다. 바로 그러한 믿음으로 비로소 밝아진 귀를 향하여, "오라 우리가 여호와께로 돌아가자 여호와께서 우리를 찢으셨으나 도로 낫게 하실 것이요 우리를 치셨으나 싸매어 주실 것임이라."고 말한 호세아 선지자는 또한 이르기를 "그러므로 우리가 여호와를 알자 힘써 여호와를 알자 그의 나타나심은 새벽빛같이 어김없나니 비와 같이, 땅을 적시는 늦은 비와 같이 우리에게 임하시리라"고 말했습니다.

우리들에게 진정한 소망이요 위로가 무엇입니까? 이 땅

의 삶에서 당장에 겪고 있는 고비와 역경들을 넘어서는 것입니까? 물론 그런 것들도 큰 위로와 소망의 근거가 되어줄 것입니다.

그러나 우리의 전 생애에 있어 진정한 위로요 가장 큰 소망은, "여호와께서 이틀 후에 우리를 살리시며 셋째 날에 우리를 일으키시리니 우리가 그의 앞에서 살리라."는 말씀에 있어야 합니다. 그리스도의 부활과 그로 말미암는 우리들의 부활, 그리고 마지막 때에 영광스런 하나님의 존전에서 누리게 될 영생이야말로 우리에게 진정한 위로요 가장 큰 소망이 되어야 하는 것입니다.

하지만 안타깝게도 오늘날의 시대는 그런 것들을 더 이상 소망하지 않는 것 같습니다. 당장에 있는 눈앞의 고비와 역경들만을 넘어서고자 갈급할 뿐, "이틀 후에 우리를 살리시며 셋째 날에 우리를 일으키시리니 우리가 그의 앞에서 살리라."는 말씀으로 말미암는 궁극적인 소망을 지니고서 갈급한 신자들은 그야말로 희귀한 시대인 것입니다. 그러한 우리들의 시대는 사실 진정한 의미의 애통함을 경험한 바가 없는 시대입니다. 사람의 심령 가운데로 느끼는 진정함 애통함이 무엇인지에 대하여서 전혀아는 바가 없는 경우가 대부분인 것입니다.

그러나 단언컨대 사람의 심령 가운데서 느끼는 진정한 의미의 애통함은, 선지자들과 주께서 말씀하신 진정한 위로와 소망을 고대하며 바라보도록 한다는 점에서 우리에게 복이 되는 것입니다. 이 땅 가운데 있는 어떤 것들도 진정으로 제공하지 못하는 위로와 소망은, 오직 "우리를 찢으셨으나 도로 낫게" 하시는 여호와, "우리를 치셨으나 싸매어" 주시는 여호와 하나님께로 돌아와 애통하는 복된 자들 외에는 얻지 못한 은혜의 '헤세드'로 말미암기 때문입니다.

지금 당신의 마음 가운데 있는 괴로움이 무엇입니까? 경제적인 문제입니까? 아니면 육체적인 문제입니까? 혹 영적으로 빈핍하고 피폐하게 된 강퍅한 마음 때문입니까? 혹 그리스도의 부활과 그로 말미암는 우리들의 부활, 그리고 마지막 때에 이르기까지 영광스런 하나님의 존전에서 누리는 영생 따위가 다 무슨 소용이냐, 당장 내 눈 앞에는 극심한 흉년의 몰골뿐인데… 라고 하는 탄식으로 인한 것입니까?

그러나 룻기 1장의 말씀들을 통해 확인한 바와 같이, 흉년을 피해 떠난 모압 지방에서 겪은 괴로움은 다시금 베들레헴으로, 그모스를 섬기는 모압 땅이 아니라 옛적에 빵 굽는 냄새가 사라졌었던 유다 베들레헴에 돌아왔을 때에 비로소 위로로 바뀌었음을 기억하시기를 바랍니다. 그러므로 선지자 호세아 또한 후대에 이르기를 "오라 우리가 여호와께로 돌아가자 여호와께서 우리를 찢으셨으나 도로 낫게 하실 것이요 우리를 치셨으나 싸매어 주실 것임이라."고 한 것이 아니겠습니까.

호세아 선지자가 알고 있던 하나님이 어떤 분이셨습니까? "여호와께서 이틀 후에 우리를 살리시며 셋째 날에 우리를 일으키시리니 우리가 그의 앞에서 살리라" 확신했던 것이 호세아 선지자가 아는 여호와 하나님에 대한 확신이었지 않습니까. 호세아 선지자에 따르면, 우리가 여호와 하나님 앞으로 돌아와 애통하지 못하는 것은 여호와 하나님을 잘 알지 못하기 때문입니다. 그러므로 선지자는 이르기를 "우리가 여호와를 알자 힘써 여호와를 알자"고 한 것입니다. 여호와 하나님께서 괴로움 가운데 있었던 나오미에게 어떻게 위로하셨는지 알게 될 때에, 비로소 우리 심령은 "그의 나타나심은 새벽빛같이 어김없나니 비와 같이, 땅을 적시는 늦은 비와 같이 우리에게 임하시리라" 확신할 수가 있는 것입니다. 그러므로 룻 1:20절에서 나오미 또한 그런 하나님에 대한 지식으로서 여호와 하나님을 "샤다이" 곧 "전능자"라고 칭하여 "전능자가 나를 심히 괴롭게 하셨음이니라."고 이른 것입니다. 풍족하게 나갔더니 여호와께서 비어 돌아오게 하셨을지라도, 여전히 그 모든 괴로움을 전능하신 여호와 하나님께서만 해결하실 수 있음을 나오미의 입술이 고백했던 것입니다.

지금 당신의 심령에 있는 진정한 위로와 소망이 있습니까? "여호와께서 이틀 후에 우리를 살리시며 셋째 날에 우리를 일으키시리니 우리가 그의 앞에서 살리라"는 말씀이 위로와 소망으로 자리하고 있습니까? 혹 지금 당장의 흉년으로 곤란하고 피폐해진 마당에, 그런 먼 미래가 무슨 소망이며 무슨 위로란 말인가? 하는 생각에 사로잡혀 있는 것은 아닙니까?

그렇다면 이제라도 함께 여호와를 알아갑시다. 힘써 여호와를 알아가도록 합시다. "그의 나타나심은 새벽빛같이 어김없나니 비와 같이, 땅을 적시는 늦은 비와 같이 우리에게 임하시리라"는 말씀을 따라, 이틀 후에 이 땅에 오셨던 예수 그리스도께서도 말씀하시기를 "애통하는 자는 복이 있나니 그들이 위로를 받을 것임"이라고 하셨으니, 이제 셋째 날에 이르러 반드시 우리를 일으키시고, 우리로 그의 앞에서 살도록 하시리라는 굳은 믿음 가운데 위로를 얻도록 합시다. 진실로 주께 돌아와 애통하는 자에게 복이 있나니, 그런 자들에게 약속하신 주님의 위로와 소망이야말로 진정한 여호와 하나님의 헤세드임을 언제든지 잊지 않고 붙드는 믿음 가운데 있기를, "샤다이" 곧 "전능자"의 이름으로 권하며 바라는 바입니다.

"우리에게도 기회가 건너왔다."

- 룻2:1-3절

우리들은 룻기 1장을 통해 유다 베들레헴의 한 가정에 있었던 몰락과 파멸 가운데서도 여전히 드리워져 있었던 하나님의 '헤세드', 곧 보이지 않으나 놀랍도록 따뜻하고 세심한 하나님의 인애하심의 면모를 볼 수가 있었습니다. 그 가운데서도 모압 지방의 며느리 룻이 이상스러우리만치 나오미를 붙좇았던 것을 통해, 모든 소망이 다 끊기고 그야말로 멸문지화(滅門之禍)의 형편에 처했던 유다 베들레헴의 한 가정에 실낱같이 비취는 하나님의 인애하심을 생생히 살펴볼 수가 있었습니다.

사실 룻기 전체에 걸쳐서 '헤세드'는 모든 사건들을 아우

르며 이끄는 핵심적인 개념일 뿐만 아니라, 하나님의 분명한 역사와 섭리를 찾아보기 쉽지 않은 우리들의 현실 가운데 소망할 수 있는 은혜의 핵심입니다. 그러므로 룻기 전체에 걸쳐서 하나의 중요한 모티프(motif)를 이루는 헤세드에 대한 이해는, 우리 현실의 삶에서도 소망과 은혜를 분별해 낼 수 있도록 하는 중요한 단서인 것입니다.

그러나 룻기 1장에서는 하나님의 헤세드를 발견해 내기란 그리 수월하지만은 않습니다. 오히려 룻기 1장을 설교자, 혹은 해석자가 어떻게 풀어내느냐에 따라 비로소 팍팍한 룻기 1장 가운데에도 하나님의 지극한 인애하심이 흐르고 있음을 살펴볼 수가 있을 뿐입니다. 무엇보다 분명한 것은, 룻기 1장에서 전체적으로 파악할 수 있는 정서가, 21절에서 나오미가 말하는바 "내가 풍족하게 나갔더니 여호와께서 내게 비어 돌아오게 하셨느니라."고 하는 고백을 중심으로 한다는 사실입니다. 비록 하나님께서 그의 자비 가운데서 모압 며느리 룻을 붙좇도록 하셨지만, 그럼에도 불구하고 당장에 하나님의 헤세드를 바라보기는 여전히 어려웠으며, 그러므로 1장 전체에 걸

친 분위기는 그야말로 텅텅 비어 돌아오게 되는 파산의
형편인 것입니다.

그런데 엘리멜렉의 가족이 그처럼 몰락하게 된 것은 단
기간의 일이 아니었습니다. 룻 1:4절은 "그들이 거기에
거주한 지 십 년쯤"이라고 했으니, 아마도 그들은 이주
한 지 십 년쯤 사이에 점차 몰락의 형편에 처했을 것입니
다. 그러므로 일반적인 상황이었다고 한다면, 모압 여자
중에서 며느리가 된 오르바와 룻이 엘리멜렉 가족에 대
해 선대했던 태도도 십 년쯤 사이의 몰락 가운데서 점차
시들어갈 수 있었을 것입니다. 더구나 엘리멜렉의 가족
은 모압과 종교나 문화가 모두 다른 형편이었으니, 그처
럼 낯선 유다 베들레헴의 며느리가 된 그들의 태도가 한
결같기를 기대하기는 어려운 것입니다.

하지만 놀랍게도 엘리멜렉의 가정에 대한 그들의 태도는
한결같았고, "내 딸들아"라고 부를 만큼 각별하며 지극
한 것이었습니다. 그러므로 나오미는 그들을 더 이상 이
방 땅 모압의 며느리들이 아니라 친딸과 같이 여기어, 그

들의 젊은 앞날을 진실로 염려하며 "여호와의 손이 나를 치셨으므로 나는 너희로 말미암아 더욱 마음이 아프도다"라고 말할 정도였던 것입니다. 하지만 그럼에도 불구하고 1장 전체에 걸쳐서 나오미는 그야말로 풍족하게 유다 베들레헴을 떠나왔다가 빈손으로 다시 유다 베들레헴에 돌아가야만 하는 지극히 빈한한 형편이었습니다. 유다 베들레헴을 떠나 모압에 있었던 십 년쯤의 세월 동안에 엘리멜렉의 가정은 그야말로 빈털털이로 파산하여 돌아오게 된 것입니다.

그런데 "그들이 보리 추수 시작할 때에 베들레헴에 이르렀더라"고 기록한 1장의 마지막 구절을 뒤로 하고 룻 2:1절은 "보아스"라는 이름을 언급하며 시작하고 있는데, 특별히 그는 히브리어로 "이쉬 깁보르 하일" 곧 "유력한 자"로 칭해져 있습니다. 유다 베들레헴으로 다시 돌아온 나오미는 그야말로 빈손으로 돌아오는 형편이었지만 다시 돌아온 고향 땅, 타작하는 소리와 빵 굽는 냄새가 사라졌었던 유다 베들레헴은 "보리 추수 시작할 때"였으며, 엘리멜렉의 친족 가운데 한 사람인 보아스를 유력한 자라고 의미심장하게 소개를 하면서 룻기 2장이 시작되고 있는 것입니다.

한편 룻 1:2절은 엘리멜렉과 나오미, 그리고 말론과 기룐이 "유다 베들레헴 에브랏 사람들이더라"고 언급하고 있습니다. 즉 갈릴리에 있는 스불론 지파에 속한 또 다른 베들레헴이 아니라는 사실을 밝히고자 "에브랏"이라는 옛 지명을 언급하고 있는 것입니다. 물론 스불론 지파와 구별하기 위해서 "유다 베들레헴"이라고 이미 언급했지만, 더욱 "에브랏"이라는 옛 지명을 언급함으로써 아주 구체적이고도 분명하게 "그 땅"의 위치를 밝히고 있습니다.

그런데 에브랏이라는 지명은 창 35:19절에서 산고로 죽은 라헬이 장사된 곳으로 언급되어 있습니다. 그리고 그러한 라헬의 죽음에는 슬프고도 범상치 않은 한 사건이 관련되어 있는데, 그것은 바로 베냐민의 출생과 관련한 비극적이고도 슬픈 사건입니다.

그 사건이 슬픈 사건인 이유는 먼저 야곱이 사랑했었던

아내가 바로 라헬이었기 때문입니다. 잘 알다시피 야곱에게는 라헬 외에도 라헬의 언니 레아가 있었습니다. 하지만 야곱의 눈에 들었던 여인은 처음부터 언니 레아가 아니라 동생 라헬이었습니다. 그런 라헬이 벧엘에서 길을 떠나 오던 중 에브랏 근방에서 난산으로 죽음을 맞은 야곱의 각별한 슬픔이 에브랏에 담겨 있었던 것입니다.

그러나 그 죽음의 슬픔은 난산 끝에 나은 아들 베냐민의 이름과 관련하여, 더욱 범상치 않은 사건으로 전개되어 있습니다. 창 35:18절은 이르기를 "그가 죽게 되어 그의 혼이 떠나려 할 때에 아들의 이름을 베노니라 불렀"다고 했습니다. 아시다시피 "베노니"라는 이름은 "슬픔의 아들"이라는 의미입니다. 아들을 나았으나 죽게 되어 혼이 떠나는 가운데서 라헬이 마지막으로 느낀 감정은 슬픔이었던 것입니다. 그리고 그 슬픔이 얼마나 컸는지는, 나은 아들의 이름을 슬픔의 아들이라 칭한 것에서 단적으로 드러납니다. 하지만 아버지 야곱은 베노니라는 아들의 이름을 "베냐민"으로 부르도록 했는데, 그 이름의 의미는 "오른손의 아들"입니다. 비록 아내 라헬은 난산으로 인해 죽음을 맞았지만, 그런 슬픔 가운데서 태어난 아들이 아내를 대신하여 위로가 되기를 원했던 것입니다. 하지만 그럼에도 불구하고 라헬의 묘지가 있는 에브랏은 분명 야곱의 아내 라헬과 관련한 슬픔의 사연이 담겨 있는 지명으로 창세기 35장은 기록하고 있습니다. 그러므로 구약에서 언급하는 에브랏은 슬픔과 더불어 오른손의 위로와 유력함에 대한 소망이 모두 담겨 있는 지명이라 하겠습니다.

무엇보다 에브랏이라는 지명에 대해 미 5:2절은 언급하기를 "베들레헴 에브라다야 너는 유다 족속 중에 작을지라도 이스라엘을 다스릴 자가 네게서 내게로 나올 것이라."고 했는데, 더욱이 에브랏에서 나올 분에 대해 이르기를 "그의 근본(나오심)은 상고(上古)에, 영원에 있느니라."고 했습니다. 한마디로 미 5:2절은 에브랏 곧 베들레헴과 관련하여 영원부터 나신 분, 즉 메시아이신 예수님의 나심과 연관하여서 언급한 것입니다.

실제로 마 2:6절은 미 5:2절을 거의 그대로 인용하여 "또 유대 땅 베들레헴아 너는 유대 고을 중에서 가장 작지 아니하도다 네게서 한 다스리는 자가 나와서 내 백성 이스라엘의 목자가 되리라 하였음"이라고 했습니다.

더구나 미 5:3절은 에브랏에서의 메시아의 탄생을 "여인이 해산하기까지"라는 문구로 언급하고 있는데, 그 문구는 사실 "진통하는 그 여인이 해산하기까지"라는 것입니다. 즉 창세기 35장의 난산하는 라헬을 떠올리게 하는 문구가 바로 미 5:3절이며, 동일하게 해산하는 여인 마리아를 통해 에브랏에서 메시아가 탄생했습니다.

그런데 에브랏 곧 베들레헴에서 메시아가 태어날 당시의 형편이 어떠했습니까? 헤롯 왕 때에 동방으로부터 온 박사들이 "유대인의 왕으로 나신 이가 어디 계시냐 우리가 동방에서 그의 별을 보고 그에게 경배하러 왔노라"(마 2:2)고 한 것으로 보건데, 아마도 헤롯 왕을 포함하여 예루살렘의 모든 높은 자들이 베들레헴의 유력한 자들의 집을 주목했을 것입니다.

그러나 잘 아시는 바와 같이 유대인의 왕으로 오시는 메시아께서 세상에 드러나신 모습은, 갈릴리 나사렛 동네에서 온 요셉이라는 다윗의 집 후손 가운데, 특별히 약혼한 마리아와 함께 호적하러 베들레헴에 왔을 때에 해산하여 낮고 낮은 구유에 누인 한 아이의 모습이었습니다. 더구나 메시아를 해산한 마리아에게 예루살렘의 시므온은 이르기를 "보라 이는 이스라엘 중 많은 사람을 패하거나 흥하게 하며 비방을 받는 표적이 되기 위하여 세움을 받았"(눅 2:34)다고 했으며, 또한 이어지는 35절에서는 이르기를 "또 칼이 네 마음을 찌르듯 하리니 이는 여러 사람의 마음의 생각을 드러내려 함이니라."고 했으니, 끝내 십자가에 달리어 어미 된 마리아의 마음을 찌르는 것과 같은 슬픔이 되었습니다. 무엇보다 창세기 35장에 등장하는 베들레헴 곧 에브랏과 관련한 사건이 어떠했습니까? 난산 끝에 해산하여 아들을 낳았으나 곧장 그 영혼이 떠나는 어미 라헬의 눈에 비친 아들의 모습은 그야말로 슬픔의 아들, 곧 "베노니"라 부를만 했지 않습니까?

하지만 그런 가운데서도 야곱은 그 아들의 이름을 슬픔

의 아들 "베노니"가 아니라, 오른손의 아들 "베냐민"으로 바꾸어 불렀습니다. 또한 오랜 후 베들레헴 에브라다에서 나신 메시아는 그의 모친 마리아에게, 칼이 그 마음을 찌르듯 한 슬픔의 십자가에 달리는 죽음을 당하셨습니다.

그러나 그처럼 마리아의 마음을 칼로 찌르듯 한 슬픔이되었던 십자가의 죽음은 사흘 만에 영광스런 부활이요사망을 이긴 승리의 소식으로 바뀌었으니, 베들레헴 에브라다와 관련한 성경의 역사들은 미 5:2절의 "또 유대땅 베들레헴아 너는 유대 고을 중에서 가장 작지 아니하도다 네게서 한 다스리는 자가 나와서 내 백성 이스라엘의 목자가 되리라 하였음"이라는 말씀을 순전히 간직한 놀라운 은혜의 역사와 관련되어 있음을 알 수가 있을 것입니다. 바로 그러한 성경의 전체적인 바탕 가운데서, 이제 완전히 죽은 것 같았던 유다 베들레헴 사람 엘리멜렉의 가정이 부활과 같은 회복의 계기로 향하게 됨을 룻 2:1절은 "보아스"라는 이름을 소개함으로써 드러내기 시작합니다.

먼저 룻 2:1절은 "보아스"에 대해 "유력한 자"라는 한 가지 의미있는 단서를 제공하고 있습니다. 즉 "유력한 재산을 소유한 자", 혹은 "유력한 땅을 소유한 자"로서 보아스를 소개한 것입니다. 그런 "보아스"라는 이름이 왕상 7:21절에도 등장하는데 솔로몬 성전에 있었던 두 기둥의 이름 가운데 하나가 바로 "보아스"로서, 그 뜻은 "그에게 능력이 있다"입니다. 그러므로 성경에서 보아스라는 이름은 능력과 연관되는 의미를 지니기도 한 것입니다. 바로 그러한 이름을 지닌 보아스가 바로 엘리멜렉의 친족이었음을 룻 2:1절은 밝히고 있으니, 이제 엘리멜렉의 집안에 남겨진 두 여인 나오미와 룻에게 과연 어떤 일들이 펼쳐질지 사뭇 기대를 가질 수가 있을 것입니다.

하지만 그러한 희망과 회복의 반전은 당장에는 전혀 보이지 않았고, 오히려 여호와께서 징벌하셨으며 전능자가 괴롭게 하셨다는 쓰디쓴 고백과 눈물어린 한숨밖에는 없었다는 사실을 기억하기 바랍니다. 그 같은 형편은 창세기 35장의 라헬에게 있어서도 마찬가지였습니다. 나중에 아버지 야곱에 의해 "베냐민", 곧 유력한 오른손의 아들이라는 이름이 붙여졌지만, 죽어가는 어미 라헬의 눈에 비친 아들의 이름은 분명 "베노니" 곧 슬픔의 아들이었습니다. 무엇보다 베들레헴 에브라다에서 난 한 아들에 대해 눅 2:34절 말씀은 이르기를 "보라 이는 이스라엘 중 많은 사람을 패하거나 흥하게 하며 비방을 받는 표적이 되기 위하여 세움을 받았"다 했지만, 또한 그 아들에 대해 "칼이 네 마음을 찌르듯 하리니 이는 여러 사람의 마음의 생각을 드러내려 함이니라."고 했으니, 실제로 그 아들은 십자가에 달린 채 가장 비참한 죽음을 맞음으로서 그 어미 마리아의 마음을 그야말로 찔렀던 것입니다.

그러나 그런 슬프고 마음을 찌르는 일들 가운데서, 능력이 있는 유력한 자의 이름이 등장하고 있는 것이야말로 참으로 놀라운 하나님의 '헤세드'입니다. 분명 룻기 2장에서도 당장 눈앞에는 아무런 소망도 없는, 그야말로 사망의 슬픔밖에는 보이지 않는 낙망할 형편이었습니다. 그러므로 룻 2:2절에서 며느리 룻이 "원하건대 내가 밭으로 가서 내가 누구에게 은혜를 입으면 그를 따라서 이삭을 줍겠나이다."라고 말할지라도, 시어머니 나오미의 눈에는 당장에 아무데에서도 은혜를 입힐 사람을 찾을 수가 없었기에, 그저 "내 딸아 갈지어다"라고 하는 짤막하고 염려스러운 대답밖에는 해줄 수가 없었습니다.

하지만 나오미의 근심스럽고 슬픔에 잠긴 눈빛을 뒤로하고, 이제 룻기의 이야기는 잠시 모압 며느리 룻의 시선으로 옮겨지면서 "룻이 가서 베는 자를 따라 밭에서 이삭을 줍는데 우연히 엘리멜렉의 친족 보아스에게 속한 밭에 이르렀더라."고 룻 2:3절을 기록하고 있습니다.

그런데 3절에 "우연히"라고 한글로 번역된 히브리어 "와이쿼르 미크레하"는, "기회를 맞았다" 혹은 "기회가 건너왔다"라는 뜻입니다. 그러므로 룻은 그야말로 우발적으로 보아스에게 속한 밭에 이른 것이 아니라, 오히려 보아스에게 속한 밭에 이르게 됨으로써 기회를 맞게 된 것이 정확한 문장의 이해인 것입니다. 실제로 유다 베들레헴에서 보아스는 유력한 자, 곧 유력한 재산을 소유한 능력 있는 자였으니 만큼 많은 땅을 소유했을 것입니다. 아마도 베들레헴에서 가장 많은 땅을 소유했던 자였을지도 모르겠습니다. 그리고 그만큼 룻은 보아스의 소유인 땅에 이를 가능성이 컸을 것입니다. 따라서 룻 2:3절 문장은 룻이 우연히 보아스의 땅(밭)에 들어가게 되었다는 것이 아니라, 룻이 보아스의 땅에 이름으로써 기회를 만났다는 데에 무게중심을 기울인 문장입니다. 한마디로 룻기 2장은 곧장 하나님의 헤세드를 드러내며 룻이 어떤 기회를 만난 것을 밝히고 있습니다. 인간들의 그 어떤 수고나 노력, 혹은 기대하지 않은 어떤 우연에 의해 새로운 형편이 전개되는 것이 아니라, 전적인 하나님의 헤세드로 인해 룻을 비롯한 모든 인물들이 전혀 새로운 형편과 역사를 향하게 됨을 룻기 2장의 초반부 구절들은 명확하게 밝히고 있는 것입니다. 그러므로 룻기 1장의 철저한 비움은, 룻기 2장에서 명백한 하나님의 헤세드로 채워지게 됨을 익히 짐작할 수 있도록, 하나님께서는 엘리멜렉의 친족으로 유력한 자 "보아스"를 1절에서부터 당장에 언급하신 것입니다.

하지만 이처럼 분명하고도 유력한 반전, 철저한 비움이 충만하고 놀라운 채움으로 변하게 되는 놀라운 헤세드에 대해서 정작 나오미와 룻, 그리고 보아스까지 그 누구도 당장에는 알지 못했을 것입니다. 룻 2:1절은 보아스에 대해 분명하게 소개하고 있지만, 그런 보아스는 엘리멜렉의 기업을 무를만한 가까운 친족이 아니었습니다. 따라서 보아스는 룻과 나오미의 얼굴을 알 수 없었을 것이며, 룻과 나오미 또한 보아스의 얼굴을 알지 못했을 것입니다. 한마디로 룻 2:1절에서부터 성경은 보아스와 룻, 그리고 나오미를 밀접히 연관 지으려는 듯 기록되어 있지만, 당장 눈앞의 현실 가운데서는 여전히 모든 일들이 예측할 수 없는 우연한 일들로만 보였을 것입니다.

그런데 그처럼 당장의 현실 가운데서 앞으로의 일들이 어찌될 것인지 도무지 알 수 없었던 것은, 창세기 35장의 라헬과 베냐민에 관계된 사건과 누가복음 2장의 시므온과 마리아의 대화에서도 마찬가지였습니다. 죽어가는 라헬의 눈에 비친 아들의 이름은 분명 슬픔의 아들, 곧 "베노니"라 부를만 했었으며, 자신이 나을 아들이 칼로 그 마음을 찌르듯 할 비극적인 죽음과 이어지는 부활의 승리와 영광의 길을 걸으리라고는 도무지 생각할 수 없었던 것이 당장의 현실이었던 것입니다.

하지만 그 모든 역사들과 사건들을 하나님께서는 전적인 그의 뜻과 의지를 따라 자비롭게 이뤄가셨습니다. 당장에는 다 죽었던 엘레멜렉의 기업을 물을 자를, 하나님께서는 신실하신 헤세드 가운데서 이미 준비하시고 이끄셨던 것입니다. 그러니 이제 룻은 그야말로 기회를 만난 것입니다. 그의 성실함과 헌신 때문이 아니라 하나님의 놀라운 헤세드의 손길로 인해, 빈손으로 돌아온 나오미와 룻은 유력한 기회를 만나게 된 것입니다.

사실 룻 2:1절에서 엘리멜렉의 친족으로 유력한 자 보아스를 분명하게 드러내놓고 기록한 이유가 여기에 있는 것입니다. 나오미도 룻도, 심지어 보아스도 알지 못하는 일들이 일어날 것을 1절에서부터 바라볼 수 있도록 굳이 보아스를 언급한 이유는, 그들이 아니라 룻기를 읽는 모든 하나님의 백성들, 바로 우리들까지 포함한 모든 하나님의 백성들이 믿음으로 그 실상을 볼 수 있도록 하시는, 하나님의 분명하고 직접적인 헤세드의 메시지인 것입니다. 그런즉 히 11:1절로 2절에서 사도는 이르기를 "믿음은 바라는 것들의 실상이요 보이지 않는 것들의 증거니, 선진들이 이로써 증거를 얻었느니라."고 말합니다. 그러면서 4절에서 언급한 아벨을 시작으로, 에녹, 노아, 아브라함, 사라, 이삭, 야곱, 요셉, 모세, 기생 라합, 기드온, 바락, 삼손, 입다, 다윗 및 사무엘과 수많은 선지자들을 언급하고 있습니다.

그러나 그처럼 소개한 믿음의 선진들이 어떠한 자들이었는지에 대해, 히 11:39절 이하에서 사도는 이르기를 "이 사람들은 다 믿음으로 말미암아 증거를 받았으나 약속된 것을 받지 못하였으니, 이는 하나님이 우리를 위하여 더 좋은 것을 예비하셨은즉 우리가 아니면 그들로 온전함을 이루지 못하게 하려 하심이라."고 말합니다.

구약의 모든 믿음의 선진들이 증거와 약속으로 받았던 것이 무엇입니까? 히브리서의 사도는 그것이 바로 그리스도로 말미암는 구속의 은혜임을 히브리서 전체에 걸쳐서 말해주고 있습니다. 그러므로 구약의 모든 믿음의 선진들 가운데 당연히 포함될 나오미와 룻, 그리고 보아스 또한 그들에게 있던 궁극적인 증거와 약속이 어디를 향하고 있었는지, 히브리서의 사도는 명백히 제시해 주고 있는 것입니다. 한마디로 룻기 전체의 배경을 이루는 '에브랏' 곧 베들레헴은, 그리스도의 구속과 그로 말미암아 얻게 된 약속의 실상과 증거를 얻도록 하는 지명입니다. 그 때문에 룻 2:1절은 정작 당사자들이 전혀 알 수 없는 보아스라는 유력한 자의 이름을 한사코 앞서서 내밀 듯 기록하고 있는 것입니다.

이제부터 하나님께서는 일이 아주 잘 맞아 떨어지도록 일일이 인도하실 것입니다. 얼핏 우연처럼 일어나는 모든 일들을 통해서, 나오미와 엘리멜렉 집안의 보아스가 만날 기회를 삼으시며, 그보다 앞서 모압 여인 룻과 보아스를 만나게 하심으로써 구속을 이룰 계보 가운데 있는 베레스를 나아, 엘리멜렉의 기업을 물을 수 있도록 하실 것입니다. 따라서 이미 죽은 것과 마찬가지였던 엘리멜렉 집안의 기업을 물을 룻과 보아스의 만남을 통해 성취되는 룻기 전체의 놀라운 헤세드는, 이새의 아들 다윗과 다윗의 후손 예수 그리스도에게까지 이어지는 구속의 기업을 물을 수 있게 된 것으로까지 향하는 궁극적인 빛을 비추고 있는 것입니다. 그러니 지금 우리들이 바라보아야 할 하나님의 헤세드는 무엇이겠습니까? 당장 눈앞에 있는 현실들과 관련된 문제들의 극복에 있어야 하겠습니까?

사실 룻기 1장이 이미 소개한 바와 같이, 당장 우리 눈앞에 있는 것들은 한 치 앞도 바라볼 수 없는 쓰라린 고난들 투성이인 경우가 대부분입니다. 당장 일이 어떻게 될지, 어디에서 소망이 이뤄질지 도무지 알 수 없는 기나긴 죽음과 같은 세월들밖에 보이지 않는 것이 당장의 현실인 경우가 대부분이라는 말입니다. 당장에 나오미와 룻의 형편이 그랬지 않습니까? 뿐만 아니라 히브리서 11장에 소개된 믿음의 선진들 대부분의 형편 또한 당장에 아무것도 바라볼 수 없기는 마찬가지였습니다. 히브리서 11장은 특별히 사라에 대해 이르기를 "죽은 자와 같은 한 사람으로 말미암아 하늘의 허다한 별과 또 해변의 무수한 모래와 같이 많은 후손이 생육하였느니라."(히 11:12)

고 했고, 시험을 받을 때에 믿음으로 독자 이삭을 드린 아브라함에 대해서도 이르기를 "그를 죽은 자 가운데서 도로 받은 것이니라."고 했으니, 죽은 것 같은 엘리멜렉의 기업 무를 사람이야 어떠하겠으며, 죽은 것 같은 우리들의 인생이야 오죽하겠습니까?

그러니 우리에게 있는 약속과 그 약속에 대한 증거와 소망이 어디에 있겠습니까? 히 12:18절로 19절에서 사도는 이르기를 "너희는 만질 수 있고 불이 붙는 산과 침침함과 흑암과 폭풍과 나팔 소리와 말하는 소리가 있는 곳에 이른 것이 아니라"고 말합니다. 그러면서 22절로 24절에서 이르기를 "너희가 이른 곳은 시온 산과 살아 계신 하나님의 도성인 하늘의 예루살렘과 천만 천사와, 하늘에 기록된 장자들의 모임과 교회와 만민의 심판자이신 하나님과 및 온전하게 된 의인의 영들과, 새 언약의 중보자이신 예수와 및 아벨의 피보다 더 나은 것을 말하는 뿌린 피니라"고 했습니다. 그런즉 우리가 믿음으로 바라볼 실체와 그 증거는, 이생에서의 막막한 삶의 문제들만이 아니라 그 너머에 있는 "시온 산과 살아 계신 하나님의 도성인 하늘의 예루살렘"에 이르는 것이어야 마땅한 것입니다.

바로 이러한 이유로 히 12:1절은 이르기를 "우리에게 구름같이 둘러싼 허다한 증인들이 있으니 모든 무거운 것과 얽매이기 쉬운 죄를 벗어 버리고 안내로써 우리 앞에 당한 경주를 하"라고 했으며, 바로 그런 이유로 2절에서 더욱 이르기를 "믿음의 주요 또 온전하게 하시는 이인 예수를 바라보자 그는 그 앞에 있는 기쁨을 위하여 십자가를 참으사 부끄러움을 개의치 아니하시더니 하나님 보좌 우편에 앉으셨느니라."고 말한 것입니다. 그러므로 룻기에 드리워진 하나님의 헤세드 또한, 유다 베들레헴의 한 사람 엘리멜렉의 기업을 물을 수 있게 된 것에 머무르는 것이 결코 아닙니다. 오히려 에브랏, 곧 베들레헴을 배경으로 메시아의 탄생에 이르기까지의 중요한 톨레돗을 이루는 다윗의 출생까지, 그 톨레돗(족보)의 중요한 연결고리인 베레스의 탄생에 담긴 더 깊은 의미를 향하는 것이 바로, 룻기 가운데 비춰져 있는 하나님의 헤세드인 것입니다.

그런즉 우리들이야말로 당장 눈앞의 캄캄함이 아니라, 저 너머에 있는 "시온 산과 살아 계신 하나님의 도성인 하늘의 예루살렘"을 바라보도록 합시다. 그리고 거기에 이르기까지 쉬지 않으시는 하나님의 헤세드를 소망하며, "모든 무거운 것과 얽매이기 쉬운 죄를 벗어 버리고 안내로써 우리 앞에 당한 경주를 하"되, "믿음의 주요 또 온전하게 하시는 이인 예수"만을 진실함으로 바라보도록 합시다. "그는 그 앞에 있는 기쁨을 위하여 십자가를 참으사 부끄러움을 개의치 아니하시더니 하나님 보좌 우편에 앉으셨"으니, 그처럼 우리들도 앞에 있는 "시온 산과 살아 계신 하나님의 도성인 하늘의 예루살렘"의 기쁨을 위하여, 이 땅의 곤고한 삶도 기꺼이 참고 인내하며, 이 땅의 어리석은 것들로 말미암는 부끄러움을 개의치 않는 그리스도 예수의 제자들로서, "경건함과 두려움으로 하나님을 기쁘시게 섬기"(히 12:28)는 자들이 다 되시기를 하나님의 인애로써 권하는 바입니다.

"분명히 알려졌느니라."

- 룻2:4-13절

히브리어 '헤세드'는 일반적으로 '언약(히: 베리트)에 기초
한 확고부동한 사랑'으로 이해되곤 합니다. 그러므로 하
나님의 언약 가운데서, 그의 백성들에 대한 하나님의 사
랑과 자비가 어떠한지를 함축하는 단어가 바로 헤세드인
것입니다. 그러한 하나님의 헤세드는 이미 룻기 1장에서
몰락한 엘리멜렉의 가족 가운데 유일하게 살아남은 나오
미와, 모압 출신의 며느리 룻과 오르바의 태도 가운데서
충분히 드러난바 있습니다. 즉 사람 사이의 확고부동한
사랑의 아주 특별한 면면을 룻과 오르바가 이미 충분히
드러내준 것입니다.

그런데 그 가운데서도 '룻'(이 이름은 '동료' 혹은 '친구'라는 뜻을 지니고 있다)의 시어머니 나오미에 대한 사랑이 각별했습니다. 일반적인 사랑의 모습이라고 한다면 이미 오르바의 나오미에 대한 태도만으로도 충분할 것인데, 룻은 더욱 유별나게 시어머니 나오미를 끝까지 붙좇음으로서 사람 사이에서의 변함없이 확고부동한 사랑의 모습을 극명하게 보여준 것입니다.

하지만 이미 몇 차례 언급한 바와 같이 모압 며느리 룻이 시어머니 나오미를 붙좇았던(이러한 표현은 나오미와 룻이 하나로 결탁되었다는 것이다) 것은, 단순히 시어머니를 극진히 봉양하며 따르는 룻의 헌신과 충성심만으로는 설명될 수 없는 구석이 있습니다. 상식적인 판단으로 볼 때에 베들레헴에서 온 시어머니 나오미에 대한 며느리들의 사랑과 열심은 '오르바'(이 이름의 뜻은 '구름'이라는 뜻이다)가 보여준 정도로만 해도 이미 충분한데, 오히려 룻은 그런 일반적인 사랑과 열심을 훨씬 넘어서는 그야말로 초월적인 헌신의 모습을 보여주고 있기 때문입니다.

특별히 룻 1:16절에서 룻은 시어머니 나오미에게 이르기를 "내게 어머니를 떠나며 어머니를 따르지 말고 돌아가라 강권하지 마옵소서, 어머니께서 가시는 곳에 나도 가고 어머니께서 머무시는 곳에서 나도 머물겠나이다. 어머니의 백성이 나의 백성이 되고 어머니의 하나님이 나의 하나님이 되시리니"라고 말합니다. 뿐만 아니라 이어지는 17절에서는 또 이르기를 "어머니께서 죽으시는 곳에서 나도 죽어 거기 묻힐 것이라. 만일 내가 죽는 일 외에 어머니를 떠나면 여호와께서 내게 벌을 내리시고 더 내리시기를 원하나이다."라고 말합니다. 그런즉 이처럼 룻이 시어머니 나오미에게 그 마음이 꼭 붙어있었던 것이 바로 룻기 1장에서 나오미에게 보여주는 확고부동한 사랑의 모습인 것입니다.

그런데 이제 룻기 2장에서는 시선이 어느덧 룻으로 이동되어, 시어머니 나오미가 아니라 모압 며느리 룻의 관점에서 모든 사건들이 전개되어 있는데, 그 전개가 1장과 달리 그야말로 "그에게 일이 맞아 떨어지게" 이뤄지고 있습니다.

먼저 룻 2:4절은 "마침 보아스가 베들레헴에서부터 와서 베는 자들에게 이르되"라는 문장으로 시작하고 있습니다. 그런데 바로 앞에 있는 3절 문장에서는 룻이 "우연히 엘리멜렉의 친족 보아스에게 속한 밭에 이르렀더라."고 했는데, 그 "우연히"라는 말은 오히려 "일이 딱 맞아떨어졌다."는 것이라 했습니다. 따라서 룻 2:3절과 4절은 서로 긴밀하게 연계되어 사건이나 상황들이 정확하게 맞아떨어지고 있는 것을 아주 잘 표현하고 있는 문장입니다. 그야말로 기가 막히게 상황이 딱 맞아떨어지고 있는 것이지요. 그러므로 이러한 전반적으로 일관된 스토리의 흐름에 대해 일부 비평주의자들이 룻기 자체가 사실에 기초한 계시의 기록이 아니라 고대문학의 한 단편일 것이라고 보는 것도 무리가 아닌 듯합니다.

무엇보다 4절 초반에 기록되어 있는 "마침"이라는 말은 히브리어로 "웨힌네", 즉 "그리고 보라!"는 의미입니다. 그러므로 룻 2:3절에서 룻은 일이 딱 맞아떨어지도록 보아스의 밭에 이르렀고, 그리고 보아스 또한 자신의 밭에 오게 되었으니, "그리고 보라!"는 문장은 그야말로 놀랍고 기가 막히게 상황들이 맞아떨어지고 있음을 표현해 주는 감탄의 문구인 것입니다. 그러므로 이제 룻기를 읽는 모든 독자들, 이스라엘 베들레헴 사람들에서부터 신약시대 그리스도인들과 이후의 모든 믿음의 백성들, 무엇보다 지금 룻기 말씀을 살펴보는 우리들의 관심을 룻이 서 있는 바로 그 보리밭으로 한데 모아서, 과연 룻에게 어떤 일이 일어날 것인지 기대를 모으도록 하고 있는 것입니다.

이처럼, 룻기 1장의 초반부에서 보여주는 암울한 형편들과는 달리, 룻기 2장의 초반에서는 그 시작에서부터 그야말로 희망차고 극적인 반전의 분위기가 짙게 스미어 나오고 있습니다. 그리하여 이제 어느덧 이야기의 주인공은 나오미가 아니라 룻으로 확연하게 옮겨져 있는 것입니다. 지금까지 하나님의 사랑과 은혜, 자비와 인애의 헤세드가 나오미를 조용히 붙좇았던 것과는 달리, 이제 룻에게 드리워지기 시작한 또 다른 사랑과 은혜의 역사는 그야말로 극적이고 기대를 모으는 분위기 가운데서 무르익어가고 있는 것입니다.

하지만 그렇다고 해서 룻에게 이르는 하나님의 헤세드를 품고 있을법한 인물 보아스가 단박에 룻 앞에 이르렀던 것은 아닙니다. 룻 2:4절에서 "그리고 보라"고 말하며 보아스가 이르렀지만, 보아스가 자신의 밭에 이른 것은 적어도 반나절 가량은 지난 시간이었을 것입니다. 한글 성경에서는 룻이 우연히 보아스의 밭에 이르자 마침 보아스도 밭으로 온 것처럼 생각하기 쉽게 기록되어 있지만, 룻 2:7절에 기록된 보리 베는 자들을 거느린 사환의 말을 살펴보면 "아침부터 와서는 잠시 집에서 쉰 외에 지금까지 계속하는 중이니이다."라고 하여, 적어도 반나절 이상을 보아스의 밭에서 이삭을 줍고 있었던 것이 룻의 행적이었음을 알 수가 있는 것입니다.

물론 그럼에도 불구하고 보아스가 도착한 것과 함께 보리밭의 분위기는 순식간에 복된 축복이 넘치는 모습이었습니다. 보아스가 밭에 이르러 일꾼들에게 "여호와께서 너희와 함께 하시기를 원하노라"고 말하고, 또한 밭에서 일하던 일꾼들도 보아스에게 "여호와께서 당신에게 복 주시기를 원하나이다."라고 대답하는 참으로 복되고 풍성한 추수 때의 분위기로서 곧장 충만하게 채워져 있는 것입니다.

그런데 5절에 이르러 밭에서 일하던 모든 사람들의 시선들이 룻에게 모아지는 것을 주목해보시기 바랍니다. "이는 누구의 소녀냐" 하고 묻는 보아스의 말에, 밭에 있던 일꾼들의 시선이 룻에게로 향했을 것이 자명하기 때문입니다.

이로써 룻기의 주인공은 룻에게로 완전히 전환이 됐습니다. 밭에 있는 모든 사람들의 시선, 무엇보다 엘리멜렉의 능력있는 한 친족인 보아스의 시선이 룻에게 닿음으로 말미암아, 이제 모든 분위기가 룻에게로 완전히 주목하게 된 것입니다.

지금까지 룻은 시어머니 나오미를 미약하나마 놓지 않고 붙좇는 모습을 통해서 나오미에 대한 하나님의 붙좇는 사랑, 변함없이 확고부동한 헤세드의 사랑을 나타내는 보조적 역할이었지만, 이제는 룻에게 기대에 찬 어떤 자비와 사랑이 이를 것이라는 부푼 희망을 담은 두근거리는 시선으로 집중되기에 이른 것입니다.

시어머니 나오미에 대한 하나님의 붙좇는 사랑, 변함없는 확고부동한 헤세드의 사랑을 나타낼 때의 룻의 모습이 어떠했습니까? 그 모습은 그야말로 붙좇는 모습이었습니다. 시어머니 나오미의 죽는 자리에까지 함께 하겠다고 하는 룻의 말은, 나오미의 곁을 절대로 떨어지지 않겠다고 하는 그야말로 변함없이 확고부동한 사랑의 모습이었던 것입니다. 그야말로 룻의 온 마음이 나오미에게 강력하게 접붙여진 것이지요.

그런데 룻기 1장에서 마치 나오미에 대한 룻의 태도가 예사롭지 않게 참으로 비상했었던 것과 마찬가지로, 이제 룻기 2장에서는 룻에 대한 보아스의 태도가 심상치를 않습니다. 룻 2:5절에서 보아스는 보리 베는 자들에게 축복의 인사를 건네자마자 사환에게 이르기를 "이는 누구의 소녀냐" 하고 물으면서 룻을 주목하는데, 그의 물음이 결코 예사롭지가 않은 것입니다.

물론 룻기에서 드러나는 보아스의 전반적인 성품, 특별히 룻 2:4절에서 보리를 베는 일꾼들과 축복의 인사를 주고받는 모습을 통해 보아스의 평소의 성품을 짐작해 볼 수 있는데, 그는 사람들을 함부로 간과하며 바라보지 않는 성품이었던 것으로 보입니다. 그러므로 평소에 자신의 밭에서 일하는 일꾼들이나 사환들에 대해서도 한 사람 한사람 잘 알고 있었을 것이고, 그런 만큼 평소에 볼 수 없었던 어느 여인의 모습을 단박에 구별할 수가 있었던 것입니다.

하지만 룻 2:5절에서 중요한 것은, 그의 눈이 룻의 모습을 결코 흘려서 보지를 않고 주목하여 보았다는 사실입니다. 그저 자신의 밭에서 이삭이나 주워 담으며 낟가리를 정리하는 이름 모를 아낙으로서만 바라보지 않고, 누구와 관계된 사람인지를 소상히 물었던 것이지요.

일반적으로 많은 주석들에서 이에 대해 설명하기를, 그러한 질문은 당시 유대 사회에서 그 사람의 신분이나 정체성을 그 사람이 연관 지어진 사람들과 함께 구별하였기에 "누구의 소녀냐"고 하는 보아스의 물음은 바로 룻의 신분, 곧 어느 집안에 속한 사람인지를 묻는 주의 깊은 질문이었다고 합니다.

그러자 베는 자들을 통솔하는 사환은 6절에서 이르기를 "이는 나오미와 함께 모압 지방에서 돌아온 모압 소녀"라고 룻에 대해 소개합니다. 아울러 7절에서도 이르기를 "그의 말이 나로 베는 자를 따라 단 사이에 이삭을 줍게 하소서 하였고 아침부터 와서는 잠시 집에서 쉰 외에 지금까지 계속하는 중이니이다."라고 자세하게 설명을 해 주었습니다.

이로 보건데 베들레헴에 온 룻의 행실은 보아스의 밭에서 일하는 일꾼들과 특히 사환에게도 아주 좋은 인상을 주었던 것 같습니다. 아마도 그 사환은 아침부터 이삭을 줍기 위해 나온 룻에게 그녀가 누구인지에 관해 물었을 것인데, 룻은 자신에 대해 숨김없이 성실하게 답변을 했을 것으로 보입니다. 그러므로 이미 그 사환 또한 룻에게서 좋은 인상을 받았던 것이지요.

하지만 룻에 대한 보아스의 시선은 더욱 각별했으니, 8절에서 룻에 대해 이르기를 "내 딸아" 라고 부른 것을 볼 수 있습니다. 조금 전에 시어머니 나오미에게서 들었던 "내 딸아" 라고 하는 자상하고 사랑이 어린 말을, 이제 보아스 또한 그녀에게 하고 있는 것입니다.

사실 보아스가 룻을 일컬어 "내 딸"이라 부른 것은, 단순한 자비의 표현이 아니라 이미 그녀가 어떤 사람인지 파악하고 있는 가운데서 나온 말입니다. 룻 2:11절에서 보아스는 룻에 관해 이르기를 "네 남편이 죽은 후로 네가 시어머니에게 행한 모든 것과 네 부모와 고국을 떠나 전에 알지 못하던 백성에게로 온 일이 내게 분명히 알려졌느니라"고 했는데, 특별히 "내게 분명히 들렸느니라"고 하여 그녀에 대한 좋은 평판이 이미 엘리멜렉의 친족들에게까지 자자했음을 알 수 있게 하고 있습니다.

더구나 보아스가 그의 밭에 이르렀을 때에, 일꾼들을 통솔하는 사환의 입을 통해 들은 룻에 대한 평판 또한 그녀가 참으로 성실하며 인내하는 성품, 그야말로 성경이 언급하는 '현숙한 여인'(a virtuous woman)의 모습이었으니 보아스는 결코 그녀를 예사롭게 보지 않고 "내 딸아" 라고 불렀던 것입니다.

특별히 보아스는 11절에서 그녀에 대해 "네 부모와 고국을 떠나 전에 알지 못하던 백성에게로 온 일이 내게 분명히 알려졌느니라"고 말했는데, 마치 아브라함이 갈 바를 알지 못하고서도 그 본토 친척 아비 집을 떠나왔었던 것처럼, 룻 역시도 자신에게 익숙한 모든 삶을 뒤로하고 시어머니 나오미를 따라 어찌될지 알 수 없는 땅으로 향하였음을 보아스는 이미 알고 있었던 것입니다. 그러므로 8절로 9절에서 보아스는 그녀에게 단박에 이르기를 "내 딸아 들으라 이삭을 주우러 다른 밭으로 가지 말며 여기서 떠나지 말고 나의 소녀들과 함께 있으라. 그들이 베는 밭을 보고 그들을 따르라. 내가 그 소년들에게 명령하여 너를 건드리지 말라 하였느니라. 목이 마르거든 그릇에 가서 소년들이 길어 온 것을 마실지니라."고 자상하게 말했던 것입니다.

이로써 룻은 생면부지의 땅 베들레헴에서 예상치 못했던 여호와 하나님의 헤세드를 보게 되었습니다. 지금까지는 자신이 시어머니 나오미에게 하나님의 헤세드를 드러내는 도구였지만, 이제 생면부지의 사람 보아스를 통해서 룻 또한 하나님의 헤세드를 보게 된 것입니다. 아침에 일찍 집을 나올 때에 시어머니 나오미에게서 들었던 "내 딸아 갈지어다"라고 하는 따스한 목소리, 그러나 아무것도 의지할 것 없는 형편 가운데서 그저 자비를 기대하며 나가는 며느리를 친딸과 같이 염려하는 어머니의 마음이 담긴 그 따스한 말을, 이제 생면부지의 보아스에게서 듣게 됨으로 인해 알 수 없는 따스함이 이미 룻의 마음에 가득히 스미게 되었습니다. 그러므로 룻은 크게 감격하게 되었는데, 룻 2:10절 말씀은 기록하기를 "룻이 엎드려 얼굴을 땅에 대고 절하며 그에게 이르되 나는 이방 여인이거늘 당신이 어찌하여 내게 은혜를 베푸시며 나를 돌보시나이까 하니"라고 말했다고 했습니다. 룻은 10절에서 자신이 이방 여인임을 밝힐 때에, 자신이 분명 그러한 호의를 받기에 적당하지 않은 자임을 잘 알고 있었으며, 그것에 대해 이미 인정하고 있음을 고백하고 있는 것입니다.

그도 그럴 것이, 신 7:1-2절에서 모세는 이르기를 "네 하나님 여호와께서 너를 인도하사 네가 가서 차지할 땅으로 들이시고 네 앞에서 여러 민족 헷 족속과 기르가스 족속과 아모리 족속과 가나안 족속과 브리스 족속과 히위 족속과 여부스 족속 곧 너보다 많고 힘이 센 일곱 족속을 쫓아내실 때에, 네 하나님 여호와께서 그들을 네게 넘겨 네게 치게 하시리니 그때에 너는 그들을 진멸할 것이라 그들과 어떤 언약도 하지 말 것이요 그들을 불쌍히 여기지도 말 것"이라고 했으니, 모세가 언급한 히위 족속이 바로 모압 땅에 살고 있던 룻의 족속들이었습니다. 바로 그 때문에 모압 지방에 사는 히위 족속에 속한 이방 여인 룻이, 자신을 가리켜 "나는 이방 여인이거늘 당신이 어찌하여 내게 은혜를 베푸시며 나를 돌보시나이까"라고 말하며, "엎드려 얼굴을 땅에 대고 절"했던 것입니다.

더구나 신 7:3절에서 모세는 여러 이방 족속들에 대해 이르기를 "또 그들과 혼인하지도 말지니 네 딸을 그들의 아들에게 주지 말 것이요 그들의 딸도 네 며느리로 삼지 말 것"이라고 했습니다. 왜냐하면 이어지는 4절에서 모세가 이른 것처럼 이방인 며느리가 "네 아들을 유혹하여 그가 여호와를 떠나고 다른 신들을 섬기게"할 것이기 때문입니다.

또한 신 7:4절에서 모세는 이르기를 "네 아들을 유혹하여 그가 여호와를 떠나게 하므로 여호와께서 너희에게 진노하사 갑자기 너희를 멸하실 것임이니라"고 했는데, 이러한 말씀들을 그대로 엘리멜렉의 행적들과 대비시켜 보면, 그야말로 이방여인들과 통혼했던 엘리멜렉이 여호와 하나님의 진노로 멸하여진 것이라 할 수 있으며, 그러한 진노의 원흉이 바로 이방 며느리 룻이라 생각될 수도 있을 것이니, 틀림없이 룻이 엘리멜렉의 아들을 유혹하여 그가 여호와를 떠나고 다른 신들을 섬기게 했을 것이라고 짐작할 수도 있는 것입니다. 따라서 시어머니 나오미를 따라서 도착한 베들레헴 땅의 이스라엘 백성들이 그녀에게 결코 호의적일 수 없을 것이 자명한데도 불구하고, 시어머니 나오미에게서 들었던 "내 딸아" 라고 하는 자상한 말을 보아스에게서 듣게 된 것이 룻기 2장에서의 상황입니다.

무엇보다 룻 2:12절에서 보아스는 룻에게 이르기를 "여호와께서 네가 행한 일에 보답하기를 원하며 이스라엘의 하나님 여호와께서 그의 날개 아래에 보호를 받으러 온 네게 온전한 상 주시기를 원하노라"고 했습니다. 모압 지방에서 유다 베들레헴 땅으로 온 룻의 이주에 대해, 보아스는 "이스라엘의 하나님 여호와께서 그의 날개 아래에 보호를 받으러 온" 것이라고 말하고 있는 것입니다.

율법을 볼 때에 모압 땅에서의 엘리멜렉 가족에 관련한 소식들은 신 7:3-4절 말씀에서의 모세의 경고와 거의 일치하기 때문에 룻은 그 모든 일들의 원흉처럼 여겨질 것인데도 불구하고, 오히려 보아스는 그녀의 행적을 가리켜 이스라엘의 하나님 여호와의 "날개 아래에 보호를 받으러 온" 것이라고 했습니다.

짐작하건데 베들레헴에 돌아온 나오미와 룻에 대한 베

들레헴 백성들의 시선은 그리 편안치만은 않았을 것입니다. 집 안의 남자들은 이미 다 죽고, 늙고 초라한 몰골로 돌아온 나오미와 이방 모압땅의 며느리 룻까지 붙여서 들어온 그 모습을 반기고 축복하는 사람들은 그리 많지 않았을 것입니다. 그러므로 룻은 두려움과 조심하는 마음으로 보리밭에 나갔을 것이며, 그가 혹 밭에 나가 베들레헴 사람들에게 수모라도 당하지 않을까 적잖이 염려했던 것이 시어머니 나오미의 마음이었을 것입니다.

하지만 전혀 예상치 못했던 보아스, 베들레헴의 능력있는 자 보아스에게 모압 며느리 룻에 관한 좋은 평판이 분명하게 알려졌으며, 그의 입을 통해 여호와께서 "네게 온전한 상 주시기를 원하노라"고 하는 축복의 말까지 들은 룻의 마음은, 그야말로 봄 햇살에 눈 녹듯이 그 동안의 마음고생들을 위로했을 것입니다. 그러므로 13절에서 룻은 이르기를 "내 주여 내가 당신께 은혜 입기를 원하나이다 나는 당신의 하녀 중의 하나와도 같지 못하오나 당신이 이 하녀를 위로하시고 마음을 기쁘게 하는 말씀을 하셨나이다."라고 말했던 것이지요.

우리들은 룻기 1장에서 십 년이라는 긴 세월 동안 엘리멜렉과 말론과 기룐까지, 그야말로 한 집안의 모든 남자들이 죽고 어디에서도 보호받을 수 없는 비참한 파산의 형편에 놓였던 유다 베들레헴의 나오미에게 여전히 드리워져 있던 하나님의 헤세드를, 그처럼 어려운 형편 중에도 그를 붙좇는 룻을 통해 바라볼 수 있었습니다.

또한 비록 긴 세월에 걸쳐 비참함 밖에는 보이지 않는 가운데서도, 하나님의 사랑과 은혜는 참으로 더디게, 도무지 바라보이지 않는 형편이었음을 룻기 1장을 통해 알 수가 있었습니다.

그러나 이제 룻기 2장에서는 형편과 상황이 전혀 뒤바뀌면서, 그야말로 신속하게 하나님의 헤세드를 드러내 보이고 있습니다. 하나님의 사랑과 은혜가 비록 더딜지라도 그 임함은 급하게 이는 바람과도 같이, 도적이 이름과 같이 은밀하면서도 신속하게 이르고 있으니, 룻기 2장 초반부에서 룻과 보아스의 만남과 더불어서 신속히 나타난 여호와 하나님의 헤세드는 그와 같은 사실을 분명하게 나타내 보이고 있는 것입니다.

지금 누군가의 인생도 어쩌면 모압에서의 나오미와 같은 절망적인 고통 가운데 있을지 모르겠습니다. "내가 풍족하게 나갔더니 여호와께서 내게 비어 돌아오게 하셨느니라. 여호와께서 나를 징벌하셨고 전능자가 나를 괴롭게 하셨거늘 너희가 어찌 나를 나오미라 부르느냐"(룻 1:21) 고 말하는 나오미의 고백과 같이, 지금 당신의 인생도 바라는 바 소망의 이뤄짐이 너무나도 길고 더딤으로 말미암는 괴로움 가운데 있는 것입니다.

하지만 룻 2:1절은, 익히 나오미를 도울 수 있는 능력이 있는 자 보아스, 남편 엘레멜렉의 친족으로서 베들레헴의 능력있는 자를 소개함으로써, 여호와 하나님의 헤세드가 속히 이를 것임을 짐작케 하고 있습니다.

합 2:2절에서 여호와 하나님께서는 하박국 선지자에게 이르시기를 "너는 이 묵시를 기록하여 판에 명백히 새기되 달려가면서도 읽을 수 있게 하라"고 말씀하십니다. 그리고는 3절에서도 이르시기를 "이 묵시는 정한 때가 있나니 그 종말이 속히 이르겠고 결코 거짓되지 아니하리라 비록 더딜지라도 기다리라 지체되지 않고 반드시 응하리라."고 말씀하십니다.

마찬가지로 룻기 1장에서 나오미에게 하나님의 헤세드는 비록 더딘 것이었을지라도 결코 지체되지 않고 반드시 응했으니, 룻기 2장에서 며느리 룻에 대한 하나님의 사랑과 은혜가 속히 이른 것은, 바로 하박국 선지자에게 이르신 여호와 하나님의 말씀, "속히 이르겠고 결코 거짓되지 아니하리라 비록 더딜지라도 기다리라 지체되지 않고 반드시 응하리라"는 말씀을 그대로 증명해 주심인 것입니다.

그러니 "너는 이 묵시를 기록하여 판에 명백히 새기되 달려가면서도 읽을 수 있게 하라"고 이르신 여호와 하나님의 말씀을 따라, 하나님의 사랑과 은혜, 하나님의 헤세드, 복된 축복의 소망을 우리들의 마음 판에 새기되 달려가면서도 읽을 수 있도록 분명하고도 뚜렷하게 새기는 우리 모두의 믿음이 되기를, 그야말로 '언약에 기초한 확고부동한 사랑'으로서 "그에게 일이 맞아 떨어지게" 이루시는 열심 있는 하나님 여호와의 이름으로 축복하며 권면하는 바입니다.

"사람의 마음을 사용하시는 하나님-1"

- 룻2:14-23절

구약성경 가운데 드러난 하나님의 역사하심은 대부분 출애굽 시대의 이스라엘 백성들에게서 분명하게 나타난 것을 볼 수 있습니다. 물론 이후로도 하나님께서 놀랍게 역사하신 일들이 곳곳에 기록되어 있지만, 출애굽 시대의 이스라엘 백성들만큼 풍성하게 하나님의 놀라운 역사, 이적과 표적이 되는 놀라운 일들을 경험하지는 않았던 것입니다.

우선 출애굽 한 이스라엘 백성들은 이미 애굽에서부터 놀라운 이적들을 볼 수 있었습니다. 애굽 백성들에게는 10가지의 재앙들이 닥쳤지만, 역으로 이스라엘 백성들은 오히려 10가지의 놀라운 표적들을 분명하게 볼 수 있었던 것이지요. 이후로 애굽을 나올 때에 이스라엘 백성들은 홍해물이 갈라지는 참으로 극적이고 놀라운 이적을 목도했었고, 심지어 광야에서는 매일 아침마다 '만나'라고 하는 일찍이 그들의 조상들도 보지 못한 양식이 이적 가운데서 공급되었습니다. 한 때 '낙타무릎'이라는 제목의 책으로 유명해진 어느 목사가 말한 "기적이 일상이 되는" 경험을, 광야의 이스라엘 백성들이 그야말로 생생하게 경험했던 것입니다.

하지만 잘 아시는 바와 같이 광야에서의 40년 세월이 지나고 가나안 땅에 이른 백성들은, 출애굽에서부터 광야에서의 기적들까지 그야말로 놀라운 이적들을 일상적으로 경험했던 세대가 아니라 그 이후의 세대였습니다. 물론 여호수아와 갈렙과 같이 예외적인 인물들이 있기는 했었지만, 그들 외에 대부분의 세대는 광야에서 태어나 특별히 기적이랄 것도 아닌 것 같은 만나의 이적만을 경험한 자들이었지요. 그러므로 여호수아 이후로 사사들의 시대를 거쳐 이스라엘 열왕들의 시대에 이르기까지,

이제 이스라엘의 종교는 점차 이적보다는 성전의 제사와 율법을 중심으로 하는 일반적인 종교의 형태를 취하게 되었습니다.

그런데 이러한 종교적 변화의 양상들은 신약시대에도 그대로 반복이 됩니다. 즉 예수 그리스도의 기적적인 출생과 이후로 공생에 기간 동안에 예수 그리스도께서 친히 보여주신 이적과 표적을 이어받은 예수 그리스도의 제자들인 사도들에게도 여러 표적들이 따랐지만, 그러나 사도들 이후로는 거의 모든 이적과 표적들이 사라지고 그야말로 일반적인 말씀의 가르침과 교훈, 그리고 성례를 중심으로 하는 형태로서 지금까지 기독교 신앙의 면면을 이어오고 있는 것입니다.

바로 이러한 성경의 생생한 역사를 따라 장로교회에서는 교회의 직원을 말할 때에, 사도들과 복음 전하는 전도자들처럼 이적과 표적이 따랐었던 자들을 교회의 '창설직원'(혹은 비상직원, 즉 Extraordinary officers)이라 하고, 그와는 다르게 이적과 표적을 행하는 가운데서 교회를 형성한 사도들의 뒤를 이어 일반적인 말씀의 가르침과 교훈, 그리고 성례를 시행하며 봉사와 구제에 힘쓰는 자들을 가리켜 '통상직원'(혹은 항존직원, 즉 ordinary officers)이라고 하는 것입니다.

이러한 교회의 역사, 즉 구약시대에서부터 신약시대 그리고 현대에 이르기까지의 교회사 가운데서 우리들은 하나님의 직접적인 역사이자, 자기 자신을 드러내시는 특별한 성격으로써 행해진 이적(혹은 표적)들의 의미를 이해할 수가 있습니다. 흔히 오해하는 것처럼 '이적'(miracle)은 그 자체로 어떤 풍성한 은혜를 모두 담고 있는 것이 아니라, 오히려 풍성한 은혜의 내용이 어떠한 것을 가리키고 증거하는 성격인 것을 성경 가운데서 알 수가 있는 것이지요.

바로 그러한 사실을 예수 그리스도께서도 친히 가르쳐 주신바 있습니다. 요 6:26절에서 예수님께서는 자신을 따르는 무리들에게 이르시기를 "너희가 나를 찾는 것은 표적을 본 까닭이 아니요 떡을 먹고 배부른 까닭이"라고 말씀하셨는데, 이어지는 27절에서 주님은 이르시기를 "썩을 양식을 위하여 일하지 말고 영생하도록 있는 양식을 위하여 하라"고 말씀하심으로써, 오병이어의 기적 가운데서 모인 무리들이 진정으로 바라보아야 할 것이 그러한 기적 자체가 아니라 그 기적이 표적으로서 보여주고 있는 "영생하도록 있는 양식", 곧 주님의 말씀에 있음을 분명하게 가르쳐 주셨습니다.

그렇다면 주님께서 친히 말씀하여 가르치신 하늘로서 제공된 떡으로서의 "영생하도록 있는 양식"이란 무엇이겠습니까?

먼저 마 4:4절에서 주님께서는 "이 돌들로 떡덩이가 되게 하라"는 마귀의 시험에 대해 답하시기를 "사람이 떡으로만 살 것이 아니요 하나님의 입으로부터 나오는 모든 말씀으로 살 것이라 하였느니라."고 하셨습니다. 특별히 주님께서는 "하였느니라"고 답하심으로써 자신이 지금 구약성경 신 8:3절 말씀을 인용하시고 있음을 드러내셨습니다. 주님께서 말씀하시는 "하나님의 입으로부터 나오는 모든 말씀"이란, 시험받으실 그 때에 새로이 주시는 말씀이 아니라, 이미 구약성경 신 8:3절로 기록하여 전해주신 바로 그 말씀이라는 것입니다.

이처럼 구약성경의 수많은 기적들뿐만 아니라 신약성경의 모든 이적들, 무엇보다 예수 그리스도께서 공생애 기간에 보여주신 수많은 이적들은 분명한 표적으로서, 구약과 신약으로 기록된 모든 하나님의 말씀인 성경을 통해서 "영생하도록 있는 양식"을 얻도록 인도하는 것이라는 사실을, 그리스도께서는 친히 말씀하여 주신 것입니다.

그렇다면 이제 하나님께서는 그처럼 성경으로 기록할 것들을 다 기록하고 완성하셨으므로 더 이상 역사, 곧 일하시지 않으시는가하면, 전혀 그렇지가 않습니다. 하나님께서는 특별한 기적을 행하실 때뿐만이 아니라 언제나 항상 일하시는 분이십니다.

요한복음 6장에서 "너희가 나를 찾는 것은 표적을 본 까닭이 아니요 떡을 먹고 배부른 까닭이"라고 말씀하실 때에, 또한 다른 구절(44절)에서 이르시기를 "나를 보내신 아버지께서 이끌지 아니하시면 아무도 내게 올 수 없"다고 말씀하셨으니, 율법(구약성경)에 기록된 선지자들의 글을 따라 예수 그리스도를 찾는 자들이 모두 하나님 아버지께로 이끌린 자들인 것입니다. 그런즉 하나님께서는 예수 그리스도께서 이 땅 가운데 오셨을 때에도, 모든 일들을 다 예수 그리스도께 맡기고 쉬셨던 것이 아니라 여전히 일하셨던 것입니다.

요 5:17절에서 예수 그리스도께서는 유대인들에게 이르시기를 "내 아버지께서 이제까지 일하시니 나도 일한다."고 말씀하셨는데, 그 말씀은 안식일과 관련하여 시비하는 유대인들에 대한 반박일 뿐만 아니라 창세 이후로 항상 일하시는 하나님의 역사를 분명하게 언급하신 말씀입니다.

창세 이후로 예수 그리스도께서 이 땅 가운데에 사람의 몸을 입고 오실 때까지도, 이후로 사도들이 수많은 이적과 표적을 행할 때에도, 그리고 무엇보다 지금 "하나님의 입으로부터 나오는 모든 말씀"을 따라서 "영생하도록 있는 양식"을 사모하며 바라는 우리의 예배 가운데서도, 하나님께서는 쉬지 않으시며 일하시는 전능하신 하나님이십니다.

그러나 오늘 우리들의 시대는 사도시대나 예수님께서 이 땅 가운데 사람의 몸으로 오시어 활동하신 공생애 기간, 뿐만 아니라 광야의 이스라엘 백성들에게서와 같은 놀라운 표적과 기사가 사라진 시대입니다. 마치 하나님의 말씀을 받은 그 어떤 선지자의 기록도 찾아볼 수 없었던 400년 가량의 중간기를 앞둔 저 먼 이방 페르시아의 수산성에서 있었던 일들을 기록한 에스더서의 시대와 같이, 지금 우리들의 시대야말로 하나님의 놀랍고 특별한 역사나 그 이름의 능력을 바라볼 수 없는 시대인 것입니다.

그러므로 얼핏 사람들의 생각으로는 이제 하나님께서 더 이상은 역사하지 않으시는 것처럼 보일 것입니다. 창세 이후로 출애굽 시대에 잠시 놀라운 일들을 행하시고, 또 예수 그리스도의 공생에 기간과 사도들의 때에 여러 이적들을 행하셨을지라도, 이제는 더 이상 하나님께서 그처럼 일하시지 않는다고 생각하기가 쉬운 것입니다.

그래서인지 많은 그리스도인들이 지금도 여전히 일하시는 하나님을 나타내고자 온갖 신비주의와 은사주의를 바탕으로 하는 기적과 표적들을 기대하는 신앙을 추구하고 있습니다. 사도들의 시대에 있었던 방언과 병고침, 그리고 축귀와 같은 수많은 이적적인 은사들이 지금도 여전히 가능하며, 그 모든 은사들을 지금도 여전히 살아계시며 역사하시는 하나님께서 사용하도록 하신다고 주장하는 것입니다.

그러나 하나님께서 그처럼 기적들과 표적들을 드러내지 않으셨다고 하여 아무 일도 하지 않으시는 것이 아니라는 사실은, 하나님의 섭리에 대한 이해가운데서 충분히 파악할 수가 있습니다. 창조세계에 대한 하나님의 '보존'과 '통치'를 의미하는 섭리(providence)야말로, 하나님의 일하심이 없이는 전혀 이뤄질 수가 없는 것이기 때문입니다.

하지만 무엇보다 하나님의 섭리와 그 가운데서 드러나는 하나님의 일하심은, 이적과 표적의 비상적인 섭리의 일들뿐 아니라 '제일원인'(the first cause)이자 우리가 쉽게 분별하지 못하는 저 멀리에 있는 원인으로서의 하나님의 전적인 주권 가운데서 명백히 파악할 수가 있습니다.

우리가 분별하거나 인지할 수 있는 가까운 원인들에 있어서는 모든 일들이 전부 우리의 의지와 수고로 말미암아 일어나는 것으로 보이겠지만, 사실은 그 모든 일들이 저 멀리에서 모든 일들을 작정하신대로 이뤄지도록 주장하시는 섭리로 말미암는다는 사실, 바로 그것이 궁극적이고도 유일한 원인이라는 사실을 성경은 증거해 주고 있는 것입니다.

그런즉 우리들이 살펴보고 있는 구약성경 룻기야말로 바로 그러한 진면목을 분별하게 하는 증거본문입니다. 구약성경에서 에스더서와 함께, 하나님의 직접적인 역사

곧 일하심을 거의 드러내지 않으면서도, 모든 일들의 배후에서 항상 일하시는 하나님의 자비로우신 열심을 확인할 수가 있는 것이 바로 에스더서와 룻기인 것입니다.

우선 룻기 2:14절 본문을 보면, 당신의 하녀와도 같다고 말한 룻에게 보아스는 마치 아버지와 같은 지극히 자상하고도 세심한 배려로서 "이리로 와서 떡(즉, 빵)을 먹으며 네 떡 조각을 초에 찍으라"고 말하여 그녀를 곡식 베는 자들의 곁에 함께 앉도록 했습니다.

구약시대에 이스라엘의 율법인 레 19:9-10절은 기록하기를 "너희가 너희의 땅에서 곡식을 거둘 때에 너는 밭 모퉁이가지 다 거두지 말고 네 떨어진 이삭도 줍지 말며, 네 포도원의 열매를 다 따지 말며 네 포도원에 떨어진 열매도 줍지 말고 가난한 사람과 거류민을 위하며 버려두라."고 기록했는데, 무엇보다 그러한 말씀은 "나는 너희의 하나님 여호와니라."(혹은 "나는 주 너희 하나님이라")고 하여 하나님의 절대적인 명령으로서 그렇게 하도록 기록되어 있습니다. 그러므로 당연히 이스라엘 백성들은 레위기에 기록된 하나님의 율법에 따라서 추수 때에 가난한 자들이 떨어진 이삭을 주울 수 있도록 배려해야 마땅한 것입니다.

그러나 안타깝게도 율법에 담겨있는 그러한 자비의 의무는 이스라엘에서 제대로 시행되지를 않았습니다. 더구나 룻기는 사사시대를 배경으로 하고 있으니, 하나님이 영원한 왕으로 계시며 왕이신 하나님의 명령이 영원히 있음에도 불구하고 마치 왕이 없는 양 각자 자기들 소견에 옳은 대로 행하던(삿 21:25) 어두운 시대 가운데서, 베들레헴 사람들이 그러한 자비의 의무를 따르기를 기대하기는 여간해서는 어려웠을 것입니다.

실제로 당시에 밭주인들은 이삭 줍는 사람들이 단 사이를 돌아다니며 이삭 줍는 행동을 싫어했다고 여러 주석가들은 설명합니다. 그도 그럴 것이 이삭을 줍는 사람들이 더욱 욕심을 부려서 주인 몰래 이미 추수해 놓은 단들 가운데서 이삭을 뽑을까 하는 염려 때문에라도, 차라리 이삭 주우러 돌아다니는 것을 허락하지 않는 경우가 많았던 것입니다.

더군다나 당시에 그처럼 이삭을 주우러 다니는 사람들은 극히 가난한 사람들이거나 이방인들인 경우가 대부분이었습니다. 그러니 가난한데다가 이방인이기까지 한 룻이 베들레헴에서 자비를 구하기란 여간해서는 어려운 것이 현실이었습니다.

사실 룻 2:13절에서 룻이 자신을 가리켜 "나는 당신의 하녀 중의 하나와도 같지 못하오나 당신이 이 하녀를 위로하시고 마음을 기쁘게 하는 말씀을 하셨나이다."라고 말한 것은 결코 과장이 아니며, 그와 같은 자신의 처지를 그야말로 있는 그대로 고백하는 생생한 표현이었습니다. 바로 그러한 사회적 풍토 가운데서, "이삭을 주우러 다른 밭으로 가지 말며 여기서 떠나지 말고 나의 소녀들과 함께 있으라. 그들이 베는 밭을 보고 그들을 따르라 내가 그 소년들에게 명령하여 너를 건드리지 말라 하였느니라. 목이 마르거든 그릇에 가서 소년들이 길어 온 것을 마실지니라."(룻 2:8-9)는 보아스의 자비로운 배려, 그것도

"내 딸아 들으라"고 하는 자상함으로 인해, 룻의 마음은 그야말로 예상하지 않은 큰 위로와 기쁨을 얻을 수가 있었던 것입니다. 더구나 이제 식사시간이 되어 식사할 때에 밭주인 보아스에게서 들은 "이리로 와서 떡을 먹으며 네 떡 조각을 초에 찍으라"고 하는 말은, 룻에게는 지극히 큰 위로와 기쁨이 되었을 것입니다.

그런데 룻 2:14절은 후반부에 기록하기를 "그가 볶은 곡식을 주매 룻이 배불리 먹고 남았더라."고 했는데, 제네바 바이블(Geneva Bible)은 이 구절에 대한 짤막한 주석 가운데서 이르기를 "그녀가 그것을 법적인 어머니인 나오미에게 가져갔다"고 했습니다. 그러므로 룻은 시어머니 나오미를 생각하여 볶은 곡식의 일부를 한 쪽에 따로 남겨 두었던 것임을 짐작할 수가 있습니다.

하지만 우리 한글성경에서는 그저 "먹고 남았더라."고 하여, 마치 배불리 먹었으나 다 먹지 못하여 남긴 것처럼 기록되어 있지만, 킹제임스(KJV)를 비롯하여 제네바 바이블 등의 여러 영역본들은 "and left"라고 끝에 기록하여, 일부러 한 쪽(오른편)에 남겨두었던 것임을 시사하고 있습니다.

그런즉 이 얼마나 보기 좋고 흐뭇한 풍경입니까? 보아스는 이방인이자 가난한 여인인 룻에게 예상치 않은 자비와 인애를 베풀었고, 룻은 또 그의 시어머니 나오미를 위해 먹을 것을 따로 빼어 챙겨두는 흐뭇한 모습이 보리추수 때의 베들레헴 밭에서 벌어지고 있는 것이니, 이 얼마나 푸근하고 마음 따뜻해지는 모습이냔 말입니다.

이 모습은 흡사 빈들에서 오천 명을 먹이신 예수 그리스도의 만찬의 은혜를 떠올리게 합니다. 그 때에 "다 배불리 먹고 남은 조각을 열두 바구니에 차게 거두었"(마 14:20)던 것처럼, 룻 또한 볶은 곡식을 "배불리 먹고 남았"으니 말입니다. 더구나 룻 2:14절은 "그가 볶은 곡식을 주매"라고 기록하고 있습니다. 즉 보아스가 친히 볶은 곡식을 룻에게 나누어 주었던 것입니다.

물론 사본에 따라서는 "그"를 "그들"이라는 복수형으로 기록하고 있어서 마치 모여 앉은 일꾼들이 볶은 곡식을 건넨 것처럼 기록하고 있습니다만, 룻이 볶은 곡식을 배불리 먹고도 따로 챙겨둘 수 있었던 것으로 보건데, 아마도 보아스가 그처럼 풍성하게 나누어 주었을 것이 분명합니다. 그도 그럴 것이 이어지는 16절에서 보아스는 일하는 소년들에게 "그를 위하여 곡식 다발에서 조금씩 뽑아 버려서 그에게 줍게 하고 꾸짖지 말라"고 명했는데, 이어지는 17절 말씀에 따르면 "룻이 밭에서 저녁까지 줍고 그 주운 것을 떠니 보리가 한 에바쯤 되는지라."고 기록했습니다.

일반적으로 한 에바의 양은 대략 20리터 내외라고 하는데, 통상적으로 그처럼 줍는 경우라면 한 사람당 대략 1리터 정도의 양을 주울 수가 있었다고 하니, 룻이 그 날 하루에 주운 보리의 양이 얼마나 많은 분량이었는지 익히 짐작해 볼 수가 있을 것입니다. 한마디로 보아스는 룻에게 차고 넘치도록 자비를 보이고 있는 것입니다. 마치 예수 그리스도께서 빈들에서 남자만 오천 명이나 되는 사람들에게 생선과 떡을 떼어 배불리 먹고도 열두 바구니에 차게 거둘 만큼 풍성하게 베푸셨던 것처럼, 보아스 또한 넘치도록 풍성한 자비와 인애를 보여줌으로써 먼 미래에 예수 그리스도께서 베푸실 풍성한 은혜를 미리 떠올려볼 수 있도록 하고 있는 것입니다.

그런 가운데서 룻의 마음 또한 시어미 나오미에 대한 사랑의 마음이 풍성했습니다. 시어머니에게 가져다 드릴 양식도 이미 챙겨 두었는데, 거기다가 20킬로그램 정도나 되는 넉넉한 곡식까지 챙겨서 뿌듯하고 기쁜 마음으로 시어머니에게로 달려갔을 룻의 마음 또한, 룻기를 읽는 우리들의 얼굴에 흐뭇한 미소를 머금게 하는 것입니다.

하지만 그처럼 흐뭇한 모습은 룻의 열심으로 끝나지를 않습니다. 오히려 19절에서 룻의 극진한 봉양을 받은 나오미는 이르기를 "오늘 어디서 주웠느냐 어디서 일을 하였느냐 너를 돌본 자에게 복이 있기를 원하노라."고 말했으니, 20킬로그램 가량이나 되는 곡식을 이고 온 며느리 룻의 모습을 보고서, 또한 그렇게 넉넉하고 풍성하게 채워준 베들레헴 사람의 손길을 생각하며 이 같은 감탄과 축복이 절로 나올 수밖에 없었겠지요.

그러나 룻이 이르기를 "오늘 일하게 한 사람의 이름은 보아스니이다."라고 대답하자, 나오미의 마음은 놀라움과 함께 무언가 큰 소망을 보는 듯 20절에서 이르기를 "그가 여호와로부터 복 받기를 원하노라 그가 살아 있는 자와 죽은 자에게 은혜 베풀기를 그치지 아니하도다."라고 했습니다. 아울러 이르기를 "그 사람은 우리와 가까우니 우리 기업을 무를 자 중의 하나이니라."고도 했습니다.

이러한 나오미의 축복의 말들로 보건데, 나오미는 이처럼 일이 이뤄지는 상황과 형편을 보면서 하나님의 놀라운 일하심을 기대하며 바라보기 시작했음을 짐작할 수가 있습니다. 그러므로 살아 있는 자들뿐 아니라 이미 죽은 엘리멜렉과 두 아들들에게도 은혜를 베풀기를 그치지 아니한 것이라고 20절에서 이른 것인데, 그가 엘리멜렉의 기업을 무를 수 있는 자 중의 하나라고 밝힌 것에서 알 수 있듯이, 이제 나오미는 단순히 생계에 대한 희망만이 아니라 남편의 가문을 이을 소망이 바라보이기 시작했던 것입니다.

22절에서 나오미는 룻에게 이르기를 "내 딸아 너는 그의 소녀들과 함께 나가고 다른 밭에서 사람을 만나지 아니하는 것이 좋으니라"고 했으니, 이로 보건데 나오미는 며느리 룻과 보아스를 통해 이루게 될 언약백성들에 대한 하나님의 보존과 통치의 자비로운 섭리를 직감한 듯 합니다. 그 때문에 "소년들에게 가까이 있으라"고 하는 보아스의 배려를 거슬러서 오히려 "소녀들과 함께" 있도록 룻에게 당부했던 것입니다.

이처럼 룻기 1장에서 한 치 앞도 내다볼 수 없었던 절망적인 형편과 상황은 이제 룻기 2장에 이르러서, 특별히 지금 우리들이 살펴보는 룻 2:14-23절 말씀 가운데서 참으로 풍성하고 흐뭇한 상황으로 급속히 변화하고 있습니다. 이방 모압의 며느리 룻을 보살피는 보아스의 세심하고 자상한 배려와, 시어머니 나오미를 향한 며느리 룻의 지극한 헌신과 사랑, 그리고 룻과 더불어 보아스를 축복하며 하나님의 더욱 깊은 은혜의 역사를 바라보기 시작하는 룻기 2장의 상황 가운데서, 어느덧 우리 마음은 흐뭇함과 풍성해진 마음으로 이후의 일들을 기대하게 되는 것입니다.

한마디로 하나님께서는 놀라운 이적이 일어나게 하시거나 특별하고 비상적인 계시도 하시지 않는 사사시대의 룻기를 배경으로 여전히 극적으로 일하시며 섭리하시고 계시니, 당장에는 모든 일들이 사람의 생각과 의지 그리고 사람들의 자비와 사랑으로서만 비로소 위로와 소망을 얻는 것처럼 보일지라도, 사실은 그 모든 사람들의 마음들을 주관하시고 역사하시는 하나님의 섭리로 말미암아 비로소 하나님의 헤세드를 명백히 드러내고 있는 것이 바로 룻기 2장에서의 놀라운 변화인 것입니다. 그러므로 잠 5:21절에서 지혜자는 이르기를 "대저 사람의 길은 여호와의 눈 앞에 있나니 그가 그 사람의 모든 길을 평탄하게 하시느니라."고 했고, 또한 16:9절에서 더욱 이르기를 "사람이 마음으로 자기의 길을 계획할지라도 그의 걸음을 인도하시는 이는 여호와시니라."고 한 것입니다.

무엇보다 지금 우리가 살펴 읽은 룻 2:14-23절의 모든 상황들이야말로 그 모든 은혜의 역사가 "사람의 걸음을 인도하시는 이 여호와", 보아스와 룻, 그리고 나오미의 마음을 인도하시는 하나님의 자비로운 손길, 그들을 보존하시고 다스리시는 여호와 하나님의 크고 놀라운 헤세드로 말미암는다는 사실을 생생히 드러내고 있는 것입니다.

그러니 지금 우리들도 유일하게 소망하며 바라볼 수 있는 것이 무엇이겠습니까? 우리의 마음과 계획으로 모의하는 경영입니까? 아니면 우리의 입으로 하는 확신의 말들입니까?

룻의 마음이 나오미를 붙좇게 하신 하나님, 보아스의 마음을 룻에게 기울여주신 여호와 하나님, "나를 나오미라 하지 말고 마라라 하라"고 한 나오미의 마음에 기업 무를 소망을 바라보게 하신 자비로우신 헤세드의 하나님 여호와만을 언제까지나 소망하며 바라보는 지혜로운 주의 백성들이 되시기를 진심과 사랑으로 권하는 바입니다.

"사람의 마음을 사용하시는 하나님-2"

- 룻3:1-5절

우리들은 앞서 룻 2:14-23절 본문 가운데서 사람의 마음을 사용하시어 일하시는 하나님에 관해 생각해 보았습니다. 하나님의 직접적인 역사, 곧 일하심이 드러나지 않는 것 같이 보이는 사사시대, "사람이 각기 자기 소견에 옳은 대로 행하였"던 불신앙의 시대에도 하나님께서는 일하심을 멈추신 것이 아니라는 사실을 예상 밖으로 전개되는 룻기의 등장인물들의 상황들 가운데서 파악해 본 것입니다.

룻기의 인물들 가운데서 그 마음이 가장 먼저 바뀌어 움직인 첫 번째 인물은 엘리멜렉이었습니다. 그리고 베들레헴에 흉년이 들자 이방인들의 땅 모압으로 향했던 엘리멜렉의 동선은 사해 바다를 건너서 가거나 사해 바다를 우회하는 노정이었을 것인데, 그러한 동선은 결코 만만치 않은 상당히 긴 동선이었습니다. 그러나 엘리멜렉이 왜 그처럼 사해 바다를 건너거나 상당히 긴 거리를 우회하여야만 도착할 수 있는 모압까지 흉년을 피하여 떠났는지에 대한 구체적인 언급이 없으므로, 엘리멜렉의 동선은 그리 심각하게 고려해야만 하는 것은 아닙니다.

하지만 룻기 1장에서 주목해 볼 필요가 있는 본격적인 변화의 움직임은 모압의 두 며느리 룻과 '오르바'의 마음이 어떻게 이동하였는지에 있습니다. 특히 룻을 통해 알 수 있듯이 그의 마음이 완전히 베들레헴 여인 나오미를 붙좇게 된 것은, 일반적인 상식에서 상당히 벗어나는 지극히 이례적인 것이었습니다. 심지어 또 다른 며느리 오르바의 시어머니 나오미에 대한 태도조차도 결코 일반적이라 할 수 없는 이례적인 마음의 움직임이었으니, 오르바 또한 베들레헴에서 온 이방인 가족에게 긴밀하게 붙좇은 바 되었기 때문입니다. 그러한 오르바의 엘리멜렉 가문에 대한 태도 또한 무심코 지나칠 수준의 것이 아닙니다.

그에 반해 유독 '룻'의 엘리멜렉 가문에 대한 충성심은 남달랐습니다. 특별히 시어머니 나오미에 대한 그녀의 전적인 충성과 헌신은, 그야말로 붙좇는다는 말이 잘 말해주는 것처럼 전적으로 시어머니 나오미에게 붙잡힌바 되어 있었습니다. 그러므로 룻기 1장에서 우리들은 그러한 룻의 마음의 향방을 당장에 주목하게 되는 것입니다.

무엇보다 룻기 2장에 이르러서 우리들은 또 다른 마음의 움직임을 바라보게 되는데, 그것은 바로 엘리멜렉 가문의 기업무를 자에 포함되는 베들레헴의 유력한 자 보아스의 마음입니다. 아무도 눈여겨보지 않는 이방여인 룻을 향한 보아스의 마음이 얼마나 풍족한 것인지, 마치 오병이어의 이적을 통해 남자만 오천 명이나 되는 무리들을 배불리 먹이셨던 예수 그리스도의 풍성한 자비와 사랑과 같았던 것을 룻기 2장에서 생생히 확인할 수 있었습니다.

뿐만 아니라 룻기 2장은 말미에 시어머니 나오미, 이제 껏 낙망하는 마음 가운데서 괴로워하던 시어머니 나오 미의 마음이 움직이기 시작하는 것을 보여주었습니다. 룻이나 보아스가 아직 알지 못하고 있는 하나님의 일하심을 보는 듯이 나오미는 며느리 룻에게 다른 밭에 가서 이삭을 줍지 말고 보아스의 밭에서만, 그것도 소년들의 보호 가운데서가 아니라 소녀들 가운데 있도록 함으로써 룻과 보아스 사이에 방해가 되지 않도록 하려는 듯이 각별한 신경을 며느리 룻에게 쓰기 시작했던 것입니다.

이처럼 룻기 1장과 2장에서 등장인물들은 엘리멜렉의 마음을 시작으로 하여 룻의 마음, 그리고 이어서 보아스의 마음이 움직이기 시작하다가, 3장에 이르러서는 나오미의 마음에 본격적인 움직임이 시작되는 것으로 기록되어 있습니다.

바로 이러한 사람들의 마음, 예상하지 않은 어떤 계기들로 인해 각각의 인물들과 그 마음이 움직이는 일련의 변화들이 사람의 눈에는 그저 주어진 여건에 따라서, 혹은 우연으로 이루어지고 있는 것처럼 보일 수가 있겠지만, 사실은 그 마음을 움직이시고 주장하시는 하나님으로 말미암아 그처럼 움직이고 있다는 사실을 지난 본문 가운데서 확인할 수가 있습니다.

얼핏 하나님께서 아무런 이적이나 역사도 하지 않으시는 것 같은 사사시대, 그저 각자 자기 소견에 옳은 대로 행할 뿐인 것 같은 사사시대 가운데서 하나님께서는 전혀 일하시지 않으신 것이 아니라, 이처럼 사람들의 마음이 움직이도록 하고 주장하시는 가운데서 하나님의 작정하심(the Divine Decrees)이 전혀 착오 없이 성취되도록 역사하셨다는 사실을 선명하게 바라볼 수가 있는 것입니다.

그러므로 이적(a miracle)이나 표적들로서만 비로소 하나님의 역사와 통치를 분별할 수 있는 것이 아닙니다. 오히려 그처럼 놀랄만한 일들이 아니라도, 우리들 가운데서 빚어지는 모든 선한 일들이 다 사람의 마음을 주장하시는 하나님의 역사와 통치로서의 섭리 가운데서 일어나는 것이지요.

사실 우리들 자신 가운데서는 결코 선한 결과를 낼 수가 없습니다. 아담 이후로 부패한 사람의 마음 속에서는 항상 선한 것이 나지를 않는 것입니다. 그리고 그 사실은 주 예수 그리스도께서 명백히 가르쳐주신 바입니다. 막 7:20-23절에서 주님은 이르시기를 "사람에게서 나오는 그것이 사람을 더럽게 하느니라, 속에서 곧 사람의 마음에서 나오는 것은 악한 생각 곧 음란과 도둑질과 살인과, 간음과 탐욕과 악독과 속임과 음탕과 질투와 비방과 교만과 우매함이니, 이 모든 악한 것이 다 속에서 나와서 사람을 더럽게 하느니라."고 하셨으니, 바로 그 말씀이야말로 전적으로 부패하고 타락한 우리들 속에서, 우리들의 마음과 의지 자체로서는 선한 것이 나올 수 없음을 명백히 알려주고 있는 것입니다.

하지만 그럼에도 불구하고 사람의 마음에서 선한 것이 나는 이유는, 오직 사람의 마음을 주장하시는 하나님으로 말미암는 은혜의 역사와 다스리심 때문인 것입니다. 바로 그 때문에 사람들 가운데서 일어나는 모든 선한 일들에 대하여서, 신자들은 오직 하나님께 감사하며 영광을 돌리는 것이지요.

잠 16:9절에서 지혜자는 이르기를 "사람이 마음으로 자기의 길을 계획할지라도 그의 걸음을 인도하시는 이는 여호와시니라"고 했는데, 그 말씀은 사람의 길이 자기의 마음으로 계획한 대로 이뤄지는 길처럼 보일지라도 사실은 그 걸음을 하나님께서 인도하신다는 것입니다. 심지어 사람의 계획이 전혀 이뤄지지 않는 가운데서도, 오직 하나님의 뜻과 인도하심 가운데서 모든 일들이 이뤄지기도 하고 거슬러지기도 하는 것입니다. 그러므로 잠 19:21절은 이르기를 "사람의 마음에는 많은 계획이 있어도 오직 여호와의 뜻만이 완전히 서리라"고 했습니다. 사람이 계획을 세우고 그 계획대로 행하므로 비로소 일이 성사가 되고 결실하여 길이 열리는 것처럼 보이지만, 실은 그 가운데서 여호와 하나님의 뜻만이 완전하게 서는 것입니다.

마찬가지로 룻기에서도 엘리멜렉이 흉년을 피하여 모압 땅으로 가서 자기의 길을 계획했을지라도, 그 걸음은 여호와 하나님의 인도하심으로 말미암아 나오미와 룻만이 베들레헴에 돌아오도록 하시는 것이었으며, 또한 그처럼 돌아와 하나님께서 이루실 비밀한 일들이 이뤄지는 것을 보게 될 것이었습니다.

그런데 그 일들이 이루어지는 가운데에 하나님의 특별하고도 비상적인 역사 즉, 기적은 보이지를 않습니다. 오히려 모든 일들이 전부다 사람들의 뜻과 계획, 사람들이 마음으로 느끼고 계획하는 일들 가운데서 이뤄지고 있습니다. 마치 "사람이 각기 자기의 소견에 옳은 대로 행하였더라"고 한 사사시대의 일상처럼, 룻기에서의 모든 일들 또한 사람이 각기 자기의 소견에 옳은 대로 계획하고 생각하는 가운데서 얼핏 진행되고 있는 것입니다.

오늘 우리가 살펴보는 룻 3:1-5절에서야말로 그렇습니다. 1절에서 시어머니 나오미는 룻에게 이르기를 "내 딸아 내가 너를 위하여 안식할 곳을 구하여 너를 복되게 하여야 하지 않겠느냐"고 말하면서, 나오미는 어떤 계획을 마음에 세우고 있습니다. "사람이 각기 자기의 소견에 옳

은 대로 행하였더라"고 한 사사시대의 일상처럼, 나오미
도 자기의 소견에 옳은 대로 행할 일들을 계획하고 있는
것처럼 보이는 것입니다.

그러나 사실 나오미는 더 이상 어떤 계획도 세울 수 없
는 자였습니다. 룻 1:12-13절에서 나오미는 이르기를
"가령 내가 소망이 있다고 말한다든지 오늘 밤에 남편을
두어 아들들을 낳는다 하더라도 너희가 어찌 그들이 자
라기를 기다리겠으며 어찌 남편 없이 지내겠다고 결심
하겠느냐 내 딸들아 그렇지 아니하니라."고 했었지 않
습니까?

또한 룻 1:20절에서도 "나를 나오미('희락'이라는 뜻)라 부르
지 말고 나를 마라('괴로움'이라는 뜻)라 부르라"고 말한 것
에서 알 수 있듯이, 나오미는 앞으로 그 어떤 계획도 마
음에 가질 수 없는 완전하게 파산하여 돌아온 형편이었
던 것입니다.

하지만 이제 나오미는 더 이상 룻에게 "오늘 밤에 남편

을 두어 아들을 낳는다 하더라도 네가 어찌 그가 자라기를 기다리겠으며 어찌 남편 없이 지내겠다고 결심하겠느냐"고 말하지 않고, "내가 너를 위하여 안식할 곳을 구하여 너를 복되게 하여야 하지 않겠느냐"고 말합니다. 아무런 미래나 계획도 바라볼 수 없었던 나오미가, 이제 그에게 있는 유일한 혈육(딸)이나 다름이 없는 며느리 나오미에 관한 미래와 계획을 세우고 있는 것이지요.

이처럼 룻기 3장에서 나오미의 마음은 급격히 변모해 있습니다. 유다 베들레헴으로 파산하여 돌아올 때만 하더라도 그녀는 더 이상 아무런 소망이 없으며 안식할 곳도 없었지만, 이제는 며느리 룻의 안식을 구하기에 이르는 아주 큰 기대와 변화가 이미 그녀의 마음 가운데서 일기 시작한 것입니다.

룻기 1장에서 모압으로 내려간 엘리멜렉의 가솔들은 산산히 쪼개지고 말았습니다. 엘리멜렉을 비롯한 집안의 모든 남자들이 전부 죽었고 이제 남은 여인들은 베들레헴으로 돌아가야만 했는데, 이방 여인이었던 두 자부 룻과 오르바의 입장에서 보자면, 베들레헴은 그녀들의 남편을 만날 수 있는 보장이 전혀 없을 것이 너무도 분명했기 때문에 그녀들도 각기 살 길을 찾아야 하는 것이 당연한 상황이었습니다. 그러므로 결국 남은 엘리멜렉의 여인들 또한 뿔뿔이 흩어져야 마땅했었고, 각자의 마음에는 자기 자신의 몸뚱이조차도 제대로 살필 수 없는 불확실함과 무능력함만이 전부인 형편이었습니다.

그러나 그런 가운데서 하나님께서는 룻의 마음을 나오미에게 붙여주셨습니다. 또한 룻기 2장에서는 보아스의 마음을 룻에게 붙여주시어, 아무런 소망이나 안식할 곳조차 찾을 수 없는 룻에게 큰 위로와 소망을 갖고서 희망을 보도록 해 주셨습니다.

뿐만 아니라 이제 룻기 3장에서는 나오미의 마음이 룻에게로 향하기 시작합니다. 도무지 안식할 곳을 찾을 수 없는 모압 땅의 여인 룻이 안식할 곳이 어디에 있는지를, 나오미가 바라봐주기 시작한 것입니다.

오늘날에는 많은 여성들이 동의하지 않을지 모르겠습니다만, 성경은 여자의 바라는바 안식할 곳이 남편의 보호 가운데 있는 것임을 밝히고 있습니다. 창 3:16절에서 여호와 하나님께서는 뱀에게 미혹되어 죄를 범한 여자에게 이르시기를 "너는 남편을 원하고 남편은 너를 다스릴 것이니라."고 했으니, 여자는 항상 남편의 다스림과 보호 가운데 있기를 원하며 그 가운데 있을 때에 비로소 안식할 수가 있는 것입니다. 하나님께서는 남자와 여자를 바로 그러한 관계와 질서로서 창조하신 것입니다.

무엇보다 사사기 11장에서 "주께서 과연 암몬 자손을 내 손에 넘겨주시면, 내가 암몬 자손에게서 평안히 돌아올 때에 누구든지 내 집 문에서 나와서 나를 영접하는 그는 여호와께 돌릴 것이니"(30-31절)라고 서원한 것이 그의 딸에게로 돌아가, 결국 그의 딸이 남자를 알지 못하고 처녀로 죽게 된 일이야말로, 대대로 남편이 없이 안식할 곳을 찾지 못한 슬픔을 애도하는 이스라엘의 풍습이 되었으니, 그처럼 고대 중근동의 이스라엘에 있어서 남편은 여자가 그의 안식할 곳을 찾고, 그 사명을 완수했음을 단적으로 나타내주는 존재였던 것입니다.

이처럼 룻기 2장과 3장에 걸쳐 하나님께서는 사람의 마음들을 주관하시고 서로 붙여주시어서, 위로와 소망, 그리고 무엇보다 안식할 곳을 찾도록 하시는 놀라운 일들을 이루십니다. 우선 보기에 극적이고 놀랄만한 하나님의 기적이라고는 찾아볼 수가 없는 사사시대 유다 베들레헴의 한 집안에서 이뤄지고 있는 놀라운 하나님의 역사와 섭리가, 사람의 마음을 사용하시는 하나님의 일들 가운데서 조용히, 그러나 쉬지 않고 이뤄지고 있는 것입니다.

사실 우리 인생에 있어서 사람의 마음을 얻는다는 것이 얼마나 어려운지 모릅니다. 얼핏 사람의 마음을 얼마든지 얻어내고 주장할 수 있을 것처럼 생각하기가 쉽지만, 사실은 억만금을 주어도 전혀 살 수 없는 것이 바로 사람의 마음입니다. 겉으로는 마음을 주는 것 같을지라도, 마음 가운데서는 전혀 공감을 얻어내지 못하는 일들이 얼마든지 있는 것이 바로 인생인 것입니다. 반대로 돈 한 푼들이지 않고서 말 한마디나 눈 빛 한 번으로 사람의 마음을 사기도 하지요.

그러므로 세상의 처세에 있어서는 그 사람의 마음을 얻기보다는, 그 사람의 상황이 나와 함께할 수 있는 형편인지를 빨리 파악하는 것이 관건입니다. 서로의 계산이 맞아서 얼마든지 함께 할 수 있는 상황이라고 한다면 안심이지만, 그렇지 않다고 한다면 상대방이 겉으로 아무리 웃음을 주며 호의적으로 대한다 하더라도, 안심할 수 없어 늘 경계해야만 하는 것이 세상에서의 처세요 이치인 것입니다.

그러나 우리가 읽고 있는 룻기 말씀 가운데 하나님께서는, 상황과 형편이 아니라 각 사람의 마음들을 사용하시어 일을 이루시는 것을 볼 수 있습니다. 상황과 형편으로서는 전혀 기대하거나 바라볼 수 없는 일들이, 사람의 마음을 사용하시는 하나님의 역사 가운데서 위로와 소망, 그리고 참으로 안식하는 데에 이르기까지의 놀라운 은혜와 자비의 역사를 이루시는 하나님의 은혜, 곧 '헤세드'

가운데서 성취되고 있는 것입니다.

불과 얼마 전, 나오미의 형편이 어떠했습니까? 그녀의 상황과 형편은 결코 희락을 말할 수 없는 처지가 아니었습니까? 여호와께서 그녀를 징벌하셨고 전능자가 그녀를 괴롭게 하셨으므로, 그녀는 결코 안식을 기대할 수 없는 처지로서의 쓰디쓴 '마라'(괴로움)의 처지 가운데 있었지 않았습니까?

불과 얼마 전, 룻의 형편은 또 어떻습니까? 그녀의 상황과 형편 또한 결코 평안할 수 없었습니다. "어머니께서 죽으시는 곳에서 나도 죽어 거기 묻힐 것이라"고 한 룻 1:17절에서의 고백은 결코 과장이 아니라 당면한 현실에 대한 고백이요 그에 대한 순응이었기에, 그녀 또한 결코 안식을 기대할 수 없는 처지 곧 처녀로 죽어야 할 입다의 딸과 같이 애곡할 형편이요, 처지 가운데 있었습니다.

불과 얼마 전 보아스의 처지는 또 어떻습니까? 룻기는 보아스의 형편에 대해 "유력한 자" 곧 유다 베들레헴의 부유한 자라는 사실과, 그의 연령이 젊지 않다는 사실 외에 특별히 밝히는 것이 없지만, 그러한 언급들로 보더라도, 앞으로의 인생에서 무언가 특별한 일이나 소망을 기대하기는 어려울 것임이 분명하다 하겠습니다.

이처럼 룻기의 중심인물들은 하나같이 앞으로의 상황과 형편의 변화를 기대하거나 소망할 만한 자들이 아닙니다. 그들 가운데서 어떤 놀라운 일이 일어나리라고 전혀 기대할만한 형편이 아니었던 것입니다.

그러나 하나님께서는 그런 그들의 형편과 처지들을 그저 막연한 인과관계(Causality)로서 몰고 가시는 것이 아니라, 그들의 마음을 사용하시어 전혀 기대하거나 의도할 수 없었던 상황과 형편이 되도록 이끄셨습니다. 먼저는 룻의 마음을, 그리고는 보아스와 나오미의 마음까지 사용하시어, 전혀 기대하거나 바라볼 수 없었던 크고 놀라운 상황이 도래하도록 쉬지 않으시는 열심을 보이고 계신 것입니다.

무엇보다 바로 그런 하나님의 열심조차도 룻기는 며느리 룻에게 "안식할 곳을 구하여" 그녀를 복되게 하고자 열심을 내는 나오미의 마음으로만 기록하고 있습니다. 그 모든 일들이 하나님의 열심 가운데서 이뤄지는 것이라는 사실을 룻과 보아스, 그리고 나오미의 마음으로써 우회적으로 드러내고 있는 것이 바로 룻기의 서술방식인 것입니다.

이처럼 우리의 현실에서도 모든 일들은 그저 우리 자신의 마음과 열심 가운데서 이뤄지고 있는 것으로 보입니다. 내가 열심을 내어 일함으로 결실이 있는 것이고, 내가 열심을 다함으로써 비로소 일들이 이뤄지는 것이니, 그 모든 결실한 것들과 일들이 전적으로 나 자신의 성과(achievements)인 것으로만 보이는 것입니다. 그러므로 우리를 둘러싼 모든 문화와 사상들은 수고하여 주어진 상황과 형편을 스스로 개척하도록 요구하며, 그 이뤄진 것을 전적으로 누리며 만끽하라고 말합니다. 열심히 일한 만큼 언젠가 반드시 원하는 좋은 결과가 따를 것이니, 우리 자신을 믿고 힘을 내자고 설득합니다.

하지만 문제는 그러한 설득에도 불구하고 결과는 여전히 나아지지 않으며, 심지어 그런 설득에도 불구하고 수고하며 노력할 힘과 의지가 우리들 자신에게서 끌어내지지 않는 경우가 더욱 많다는 점입니다. 무언가 할 수가 있으며 또한 해야겠다는 의지조차도, 결코 우리들 스스로에게 끄집어낼 수 있는 것이 아니라는 사실을 직시하고 마는 경우가 사실은 대부분인 것이 엄연한 현실입니다.

따라서 그런 가능성과 열심, 그리고 의지를 잘게 쪼개고 분석하여 조금씩 실행할 수 있도록 하는 것이 바로 현대적인 전략들입니다. 아주 작은 일들부터 목표를 정해놓고서 조금씩 실행하다보면, 거기에 근육이 붙고 힘이 생겨서 더 큰 일과 결과를 이룰 수 있는 것이라고 설득하는 것입니다. 룻 3:2-4절에서 나오미는 룻에게 "네가 함께 하던 하녀들을 둔 보아스는 우리의 친족이 아니냐 보라 그가 오늘 밤에 타작 마당에서 보리를 까불리라. 그런즉 너는 목욕하고 기름을 바르고 의복을 입고 타작 마당에 내려가서 그 사람이 먹고 마시기를 다 하기까지는 그에게 보이지 말고, 그가 누울 때에 너는 그가 눕는 곳을 알았다가 들어가서 그의 발치 이불을 들고 거기 누우라 그가 네 할 일을 네게 알게 하리라."고 말하는데, 얼핏 이 또한 바로 그처럼 아주 작은 일들부터 목표를 정해 조금씩 실행하는 전략처럼 보일 수 있을 것입니다. 나오미는 며느리 룻에게 치밀하게 전략을 세우고 있으며, 당장에 실행할 수 있는 작은 일부터 하나하나 진행함으로써 원하는 목표를 이루도록 지도(Coaching)하고 있는 것으로 보이는 것입니다.

그러나 룻 2:1절은 "나오미의 남편 엘리멜렉의 친족으로 유력한 자가 있으니 그의 이름은 보아스더라"고 처음부터 보아스의 정체를 밝힘으로써, 나오미의 계획 이전에 이미 하나님의 계획이 실행되고 있음을 깨닫도록 하고 있습니다.

무엇보다 룻 2:3절은 룻이 엘리멜렉의 친족 보아스의 밭에 이르게 된 것에 대해 "기회를 맞았다" 혹은 "기회가 건너왔다"라는 뜻의 히브리어 "와이퀘르 미크레하"라고 기록하고 있어서, 이미 그 일이 하나님의 전적인 계획 가운데서 이뤄지고 있는 일들이었음을 알 수가 있습니다.

그런데 그러한 모든 계획들이 어떻게 이뤄지고 있습니까? 아니 그 모든 일들이 어떻게 하나님의 계획에 포함될 수가 있습니까?

그것은 바로 사람들의 마음을 사용하심으로서 입니다. 룻기 1장에서 유다 베들레헴 사람 엘리멜렉이 그의 아내와 두 아들을 데리고 모압 지방에 가서 거류한 것에서부터, 나오미와 룻 두 사람이 베들레헴에 돌아온 것, 그리고 보아스의 눈에 룻의 모습이 띄었던 것과, 무엇보다 나오미가 보아스를 엘리멜렉의 기업을 무를 자로 확신하게 된 것까지의 모든 일들이, 사람들의 마음을 사용하시는 하나님으로 말미암아 모든 기회에 맞도록 계획하신 그대로 이뤄지고 있는 것입니다.

이처럼 도무지 짐작할 수도 없고 연관 지을 수도 없는 사람의 마음을 사용하시어서 이뤄지는 하나님의 계획하신 일들은, 사람이 도무지 거스를 수 없는 불가항력적인 것입니다. 심지어 마귀조차도 이를 훼방하거나 방해할 수가 없을 만큼 전적(total)이며 불가항력적(Irresistible)입니다.

한마디로 "사람이 마음으로 자기의 길을 계획"(잠 16:9)하는 것처럼 보이는 것이 세상에서 일어나는 모든 일들이지만, 사실은 그 모든 일들과 사람의 모든 걸음이 여호와 하나님의 인도하심으로 말미암아 이뤄지는 것입니다.

엘리멜렉이 모압 지방에 가서 거류했던 것은, 분명 유다 베들레헴에 흉년이 든 것으로 말미암아서 였으며, 나오미와 룻 두 사람이 베들레헴에 돌아온 것은 집안의 모든 남자들이 전부 죽은 가운데 "여호와께서 자기 백성을 돌보시사 그들에게 양식을 주셨다"는 소식을 들음으로 말미암아서였으며, 무엇보다 룻이 시어머니 나오미를 붙좇은 것과 보아스가 룻을 눈여겨 본 그 모든 일들이 다 사람이 마음으로 말미암아서 이뤄지는 일련의 일들이지만, 사실은 그 모든 걸음들이 다 하나님의 인도하심이었던 것입니다.

하나님의 인도하심은 지금 우리들의 시대에도 마찬가지로 불가항력적입니다. 지금 우리들도 여전히 마음으로 자기들의 길을 계획하지만, 진실로 우리의 걸음을 인도하시는 이는 오직 여호와시니, 하나님의 뜻과 계획만이 영원히 설 것이 분명합니다.

흔히들 신앙의 길에 있는 믿음이 우리 안에서 솟아나는 샘물처럼 생각하기가 쉽지만, 사실 우리 안에서 솟아나는 것들은 주께서 친히 말씀하신 바와 같이 "악한 생각 곧 음란과 도둑질과 살인과, 간음과 탐욕과 악독과 속임과 음탕과 질투와 비방과 교만과 우매함"(마 15:19) 뿐입니다. "이 모든 것들이 다" 우리 속에서 나와서 "사람을 더럽게" 하는 것입니다.

그러나 그런 우리들에게 베푸시는 하나님의 자비와 사랑, 전혀 자신의 일하시는 것을 표내지 않으시면서 우리의 마음과 계획을 사용하시어 이루시는 하나님의 자비로운 은혜요 헤세드로 말미암아 우리들 가운데 선한 것들과 착한 행실들이 빚어지는 것입니다.

그러나 오늘 우리들이 살펴본 룻 3:1-5절의 말씀을 이해하는데 있어서 무엇보다 중요한 부분 가운데 하나가 바로 5절에 있는 룻의 말, "어머니의 말씀대로 내가 다 행하리이다."라고 하는 순종의 대답에 있었음에 주목하시기를 바랍니다.

시어머니 나오미가 룻에게 이른 일련의 계획된 행동들, "너는 목욕하고 기름을 바르고 의복을 입고 타작 마당에 내려가서 그 사람이 먹고 마시기를 다 하기까지는 그에게 보이지 말고, 그가 누울 때에 너는 그가 눕는 곳을 알았다가 들어가서 그의 발치 이불을 들고 거기 누우라"는 행동들은 보아스에게 적극적으로 결혼의사를 밝히라는 것인데, 룻은 그러한 시어머니 나오미의 말에 순종하여 "어머니의 말씀대로 내가 다 행하리이다."라고 한 것입니다.

이러한 룻의 순종은 결코 간단하게 할 수 있는 것이 아닙니다. 그녀의 마음이 시어머니 나오미에게 붙좇아 있지 않았다고 한다면, 이러한 계획을 따라 순종하는 것은 참으로 불가능한 것입니다. 이방 모압 여인으로서, 이미 결혼했었던 전적이 있는 여인이 자기 스스로 결혼의 의사를 밝히는 일은 자칫 수치스럽고 치욕스런 결말을 야기하기가 십상인 상식적이지 않은 행동이기 때문입니다.

그럼에도 불구하고 룻은 그런 시어머니 나오미의 무리하고 무모한 듯 보이는 계획에 "어머니의 말씀대로 내가 다 행하리이다."라고 말하며 그대로 순종했습니다. 바로 이러한 룻의 태도야말로 나오미에게 전적으로 붙좇아 있는 그의 심지를 보여주는 것입니다. 그러므로 이러한 일이 가능했던 모든 궁극적인 원인은 바로 전적인 하나님의 자비와 은혜에 있는 것입니다. 하나님의 놀랍고 풍성한 헤세드 가운데서 비로소 모든 불가능한 일들, 도무지 아무런 소망도 없는 절망적인 형편 가운데서 평안히 안식할 가능성들이 비로소 제공될 수가 있는 것입니다.

지금 우리들 각자의 마음 가운데 생각하고 계획하는 일들이 무엇입니까?

혹 그것이 사사기의 마지막 구절에 이른 것과 같이 "자기 소견에 옳은 대로" 생각하고 계획하는 것이라고 한다면, 그리고 그러한 생각과 계획한 일들이 엘리멜렉처럼 아무런 소망이 없게 된 가운데 있다고 한다면, 우리가 마음 가운데 많은 계획들을 세울지라도, 그 가운데서 "오직 여호와의 뜻만이 완전히 서리라"는 말씀을 확신하며 기억하도록 합시다.

"사람이 마음으로 자기의 길을 계획할지라도 그의 걸음을 인도하시는 이는 여호와시니라"는 말씀을 따라 당혹스럽고 수치스럽게도 보이는 시어머니의 말을 전적으로 붙좇은 룻의 순종, "어머니의 말씀대로 내가 다 행하리이다."라고 한 룻의 대답과 같이 전적으로 하나님의 인도하심에 순종하는 백성들이 되시기를, 자신을 드러내지 않으시면서도 사람의 마음을 사용하시어 그 걸음을 인도하시는 전능하신 하나님의 자비와 사랑을 전적으로 붙좇는 백성들의 다 되시기를 축복하며 권하는 바입니다.

"나중에 베푼 인애"

- 룻3:6-10절

우리들이 계속 살펴보고 있는 구약성경 룻기도 이제 3장부터는 전체적인 이야기들이 종반을 향하고 있습니다. 모압에서 그야말로 모든 것을 다 잃은 채로 비어 돌아왔던 베들레헴 여인 나오미와 모압 여인 룻이 어느새 다시 채워지게 되는 반전이 시작되었으며, 그 가운데서 엘리멜렉의 기업을 무를 소망이 싹트고 있음을 볼 수 있게된 것이지요.

사실 룻기 전체에서 가장 큰 "은혜"는 4장에 집중되어 있습니다. 그러나 모압 땅에서 모든 소망을 잃어버린 나오미와, 그런 시어머니 나오미를 붙좇으므로 함께 모든 소망을 포기한 룻의 형편과 상황 가운데서 전혀 기대할 수 없는 일 곧, 기업 무를 소망을 결실한 것이 룻기 4장에 기록되어 있으니, 룻기 4장이야말로 은혜라는 말이 풍성하게 기록될 법 한데도 불구하고 정작 4장에서는 도무지 은혜라는 직접적인 언급을 찾아볼 수가 없습니다.

반면에 모압 땅에서 거의 모든 것들을 잃은 채로 돌아오게 된 나오미와 룻의 형편을 기록한 룻기 1장 이후로, 룻기 2장과 3장에서 정작 "은혜"라는 말이 집중적으로 기록되어 있는 것을 볼 수 있습니다. 즉 룻 2:2절과 10절에 각각 히브리어로 '핸'이라는 단어가 기록되어 있는데, 대부분의 영어 성경에서는 이를 'grace' 혹은 'favor'라고 번역하고 있습니다.

또한 룻기 2장 20절과 3장 10절에서도 각각 히브리어 '헤세드'라는 단어가 기록되어 있는데, 대부분의 영어 성경에서 이를 'kindness' 혹은 'good' 또는 'goodness'라고 번역하고 있습니다.

그런데 룻기 2:20절과 3:10절의 '헤세드'라는 단어는 "여호와로부터 복 받기를 원하노라"는 말과 "여호와께서 복 주시기를 원하노라"고 하는 말 가운데서 사용된 단어입니다. 즉 룻 2:20절은 보아스에게 나오미가 "여호와로부터 복 받기를 원하노라"고 한 것이며, 룻 3:10절은 룻에게 보아스가 "여호와께서 네게 복 주시기를 원하노라"고 한 것입니다.

특별히 나오미는 룻 2:20절에서 보아스를 축복하며 이르기를 "그가 살아 있는 자와 죽은 자에게 은혜 베풀기를 그치지 아니하도다" 라는 말로써, 보아스가 룻에게 베푼 은혜가 살아 있는 가족들 뿐 아니라 죽은 엘리멜렉에게까지 적용되는 은혜였음을 언급하고 있습니다.

그뿐 아니라 룻 3:10절에서 보아스는 룻에게 또한 여호와의 복을 빌며 이르기를 "네가 베푼 인애가 처음보다 나중이 더하도다" 라는 말로써, 룻이 베푼 인애가 보아스를 통해 기업 무를 것으로 이어질 것임을 시사하고 있습니다.

한마디로 룻기에서 나오미와 보아스는 유다 베들레헴의 한 사람 엘리멜렉의 기업을 무를 것과 관련하여 은혜를 언급하고 있는 것입니다.

분명히 룻 2:20절에서 나오미는 보아스와 관련하여 "그 사람은 우리와 가까우니 우리 기업을 무를 자 중의 하나이니라"고 하여, 처음부터 보아스를 기업 무를 자로서 바라보고 있는 것을 볼 수가 있습니다. 마찬가지로 룻 3:10절에서 보아스 또한 룻의 청혼과 관련하여 엘리멜렉의 가족에 대한 그녀의 인애로써 언급하고 있습니다.

사실 보아스가 룻을 주목하게 된 것은, 처음부터 그녀가 엘리멜렉의 가족에게 행한 인애로 말미암아서였습니다. 룻기 2장에서 처음 보아스가 룻에게 주목하고 인애를 베풀었을 때에, 룻은 보아스에게 "나는 이방 여인이거늘 당신이 어찌하여 내게 은혜를 베푸시며 나를 돌보시나이까"(10절) 라고 물었습니다. 그러자 보아스가 답하기를 "네 남편이 죽은 후로 네가 시어머니에게 행한 모든 것과 네 부모와 고국을 떠나 전에 알지 못하던 백성에게로 온 일이 내게 분명 알려졌느니라"(11절)고 했습니다.

이처럼 보아스는 룻과 관련하여 항상 그녀가 남편 말론에게 행한 인애 곧 엘리멜렉 가문에 행한 인애를 생각하고 있었으니, "네가 가난하건 부하건 젊은 자를 따르지 아니하였으니 네가 베푼 인애가 처음보다 나중이 더하도다"(룻 3:10)라고 하는 말이 향하고 있는 것은 바로 엘리멜렉 가문에 대한 룻의 충성과 인애에 있었던 것입니다. 그러므로 사실상 룻기는 유다 베들레헴 밭으로 나가 이삭을 줍기 시작한 2장에서부터 곧장 "은혜" 가운데로 들어가게 된 것이며, 특별히 룻과 보아스가 시의 적절하게 만나게 되었을 때부터 이미 모든 소망이 끊어진 엘리멜렉 가문의 기업을 무를 소망이 자라기 시작했던 것입니다. 바로 그러한 바탕 가운데서 나오미는 처음부터 보아스를 엘리멜렉 가문의 기업을 무를 자로 보았던 것이고, 룻 또한 보아스를 기업을 무를 자로 여겨 청혼했던 것이며, 무엇보다 보아스야말로 룻의 청혼이 의미하는 바가 바로 엘리멜렉 가문의 기업을 물음이라는 사실을 명확하게 이해하고 있었던 것입니다.

결국 룻기를 통해 부각되어 드러나고 있는 은혜는, 단순히 나오미와 룻에게 살아갈 소망이 생기게 되는 것에 머무르는 것이 아닙니다. 오히려 룻기에 담겨있는 은혜에 있어 명확히 이해해야 하는 것은 바로 살아 있는 자들에 대한 은혜뿐 아니라 죽은 자에게 베풀어진 은혜, 곧 살아 있는 룻과 나오미에게 베풀어진 은혜가 아니라 죽은 엘레멜렉에게 베풀어진 은혜가 더욱 크다는 사실을 깨닫도록 하는 데에 있습니다. 바로 그런 의미에서 룻 3:10절에서 보아스는 룻에게 이르기를 "네가 베푼 인애가 처음보다 나중이 더하도다"라고 한 것입니다. 룻이 베푼 인애는 엘리멜렉과 그의 아들들이 살아있을 때보다 그들이 죽은 후에, 남아있는 시어머니 나오미에게 베푼 인애보다도 죽은 엘레멜렉 가문의 기업을 물음에 헌신한 것이 더욱 크다고 보아스는 말한 것이지요.

이런 점에서 룻 3장 초반부에서 부각되고 있는 것이 바로 룻의 '순종'(obedience)입니다. 룻 3:1절에서 나오미는 룻에게 이르기를 "내가 너를 위하여 안식할 곳을 구하여 너를 복되게 하여야 하지 않겠느냐"고 했지만, 그에 대한 순종으로 말미암는 것은 룻의 안식에 있는 것이 아니라 엘리멜렉 가문의 기업을 물음에 있었던 것입니다.

사실 룻 3:2-4절에 기록된 시어머니 나오미의 계획은, 바로 그러한 기업 무름에 대한 이해가 없다고 한다면 참으로 이상하게 보이는 계획입니다. 만일에 단순히 룻에게 안식할 곳을 찾아주기 위함이 전부라고 한다면 보아스의 밭에서 일하는 젊은 남자들 가운데서도 얼마든지 찾을 수 있을 것이며, 더구나 이미 결혼한 전적이 있는 이방 여인으로서 타작마당을 찾아가 결혼할 의사를 드러내는 일련의 행동을 하는 것은 참으로 거리낄만한 행동이라 하겠습니다.

더구나 룻 3:3-4절에서 룻의 시어머니 나오미는 "너는 목욕하고 기름을 바르고 의복을 입고 타작 마당에 내려가서 그 사람이 먹고 마시기를 다 하기까지는 그에게 보이지 말고, 그가 누울 때에 너는 그가 눕는 곳을 알았다가 들어가서 그의 발치 이불을 들고 거기 누우라"고 했는데, 그러한 계획이 전부 룻에게 안식할 곳을 찾아 주려는 의

도였기만 했다면 "만일 내가 죽은 일 외에 어머니를 떠나면 여호와께서 내게 벌을 내리시고 더 내리시기를 원하나이다"라고 서원했던 룻의 의지와는 배척되는 것이기도 합니다. 만일에 룻이 결혼을 하게 된다면, 당연히 그녀는 시어머니 나오미를 떠나야만 할 것입니다. 물론 보아스는 엘리멜렉의 기업을 무를 자 가운데 하나이므로 나오미 곁을 떠나지 않을 수도 있겠지만, 혹여 보아스가 기업 물음을 거부한기라도 한다면 그 모든 계획으로 말미암는 룻의 평판은 치명적이라 할 만큼 심각하게 될 것입니다. 하지만 그럼에도 불구하고 룻 3:5절에서 룻은 시어머니 나오미에게 이르기를 "어머니의 말씀대로 내가 다 행하리이다"라고 말하여, 전적으로 순종한 것을 볼 수 있습니다. 더구나 이어지는 6절 말씀은 "그가 타작마당으로 내려가서 시어머니의 명령대로 다 하니라"고 기록하여서, 시어머니 나오미의 명한대로 순종하는 그녀의 행동이 실제로 고스란히 실행됐음을 분명하게 언급하고 있습니다.

분명 룻의 관점에서 시어머니 나오미의 그러한 계획은 무모할 뿐만 아니라, "만일 내가 죽은 일 외에 어머니를 떠나면 여호와께서 내게 벌을 내리시고 더 내리시기를 원하나이다"라고 한 자신의 말에도 배치될 수 있는 것이었지만, 그럼에도 불구하고 룻은 전적으로 나오미의 명한 대로 여기서도 붙좇고 있는 것입니다. 마치 룻이 엘리멜렉의 친족 보아스에게 속한 밭에 시의 적절하게 이르렀었던 것처럼, 나오미의 무리하고 이상하게 생각될 수 있는 계획에 대해서도 룻은 아주 시의 적절하게 순종하고 있습니다.

때마침 보아스는 "먹고 마시고 마음이 즐거워 가서 곡식 단 더미의 끝에 눕는지라"고 룻 3:7절은 기록하고 있는데, 보아스의 마음이 즐거워졌던 것이 술에 취함이거나 유흥의 모습이 아니라 만족스럽고 흡족한 마음의 상태임을 나타내주고 있습니다. 그러므로 이 때에 보아스는 그 마음이 풍족하고 넉넉함 가운데 있었던 것입니다. 특별히 보아스가 그처럼 절제할 줄 아는 가운데서 적당하게 느긋해진 상태였다는 사실은, 조금 후에 이어지는 12절로 13절의 말씀 가운데서 충분히 파악할 수가 있습니다.

룻 3:12절로 13절에서 보아스는 이르기를 "참으로 나는 기업을 무를 자이나 기업 무를 자로서 나보다 더 가까운 사람이 있"다고 했습니다. 그는 먹고 마시고 마음이 즐거운 가운데 잠을 청했지만, 그럼에도 불구하고 그의 마음은 적당한 즐거움과 절제가 겸비된 상태 가운데서 느긋하게 잠을 청했던 것입니다. 뿐만 아니라 보아스는 "이 밤에 여기서 머무르라. 아침에 그가 기업 무를 자의 책임을 네게 이행하려 하면 좋으니 그가 그 기업 무를 자의 책임을 행할 것이니라"고 하여 곧장 자신이 기업을 무를 책임을 지려하지도 않았습니다. 분명히 그는 냉정한 이성 가운데서 하나님께서 제정하신 질서, 곧 섭리(providence)를 따르고자 한 것입니다. 그런 가운데서도 그는 더욱 넉넉하고 자상한 마음으로 "만일 그가 기업 무를 자의 책임을 네게 이행하기를 기뻐하지 아니하면 여호와께서 살아 계심을 두고 맹세하노니 내가 기업 무를 자의 책임을 네게 이행하리라"고 하여, 마치 룻의 시어머니 나오미가 룻을 위함과 같은 깊은 자비와 사랑으로 그녀의 마음을 안심시키고 있습니다.

이처럼 모든 상황과 형편들이 놀랍도록 질서 있게, 그리고 시의 적절하게 진행되고 있는 것이 바로 룻기 3장의 일들입니다.

그런데 그러한 시의 적절함이 일관되게 향하고 있는 것이 무엇입니까? 얼핏 룻기의 전체적인 은혜들은 룻과 나오미의 형편이 어떻게 보아스를 통해 형통하게 되는지를 기록하고 있는 듯이 보일 수 있을 것입니다. 그러므로 룻 3:1절 말씀과 같이 어떻게 룻이 그의 안식할 곳을 얻게 되는가가 전체 이야기의 중심을 이루고 있는 것처럼 보일 수가 있을 것입니다.

그러나 이미 룻기 2장에서부터 룻기의 중심인물들인 룻과 나오미 그리고 보아스는 단순히 그들 눈앞에 보이는 것을 목표로 하고 있는 것이 아니라, 오히려 엘리멜렉의 기업을 무를 자와 관련해서 모든 상황과 형편들을 바라보고 있습니다. 룻기 1장에서 철저하게 끊어져버린 엘리멜렉의 기업이 어떻게 다시 회복되게 되는가가 룻기 2장에서부터 이미 그 중심을 이루고서 면면히 이어지고 있었던 것입니다.

바로 그 사실을 룻 2:20절의 "그가 살아 있는 자와 죽은 자에게 은혜 베풀기를 그치지 아니하도다." 라는 나오미의 말 가운데서, 그리고 더욱 "그 사람은 우리와 가까우니 우리 기업을 무를 자 중의 하나이니라"는 말 가운데서 명백하게 확인할 수가 있습니다.

무엇보다 그 사실은 이미 밝힌 바와 같이 "네가 가난하건 부하건 젊은 자를 따르지 아니하였으니 네가 베푼 인애가 처음보다 나중이 더하도다"라고 한 룻 3:10절의 보아스의 말 가운데서 더욱 분명하게 드러나 있습니다. 보아스는 한밤중 타작 마당에서 벌인 룻의 구애가 의미하는 바에 대하여, 단순히 자신을 향한 구애로 받아들이기보다 엘리멜렉 가문의 기업을 무를 자를 요구하는 헌신적인 순종, 2:11절에 이른 것처럼 그야말로 "네 부모와 고국을 떠나 전에 알지 못하던 백성"을 붙좇는 것으로서 바라보고 있는 것입니다. 그러한 가운데서 보아스는 3:10절에서 이르기를 "네가 베푼 인애가 처음보다 나중이 더하도다"라고 함으로써, 이미 그가 엘리멜렉과 그의 아들 그리고 나오미에게 행한 순종과 헌신보다 그들의 기업을 무를 자를 찾아 스스로 나아가기까지 하는 전적인 헌신과 순종이야말로 지극히 큰 것이라고 했습니다.

그런즉 이것이야말로 하나님의 직접적인 역사가 없는 것 같았던 사사시대, 사람이 각자 자기 소견에 옳은 대로 행하던 사사시대에 벌어진 놀라운 '이적'(a miracle)입니다. 엘리멜렉도 죽고 그의 두 아들 말론과 기룐도 모두 죽은 마당에, 엘리멜렉의 기업을 무를 수 있으리라고 누가 생각이나 했겠습니까? 더구나 남은 두 여인 나오미와 룻에게는 회복할만한 아무런 소유도 없었으니, 그런 두 여인을 거두어 기업을 무를 자가 있으리라고는 도무지 짐작할 수 없는 것입니다.

바로 이러한 형편을 룻 4:6절의 먼저 된 기업 무를 자가 이른 말, "나는 내 기업에 손해가 있을까 하여 나를 위하여 무르지 못하노니 내가 무를 것을 네가 무르라 나는 무르지 못하겠노라"고 하는 답변이 단적으로 증명해 보입니다. 일반적으로 보았을 때, 엘리멜렉의 기업을 무르는 일은 당장에 경제적인 손해가 나는 일이라 결코 나설만 하지 못했던 것입니다.

그러나 사실 그처럼 기업을 무르는 일을 마다하는 것은 유대 사회에서 아주 불명예스런 일이었습니다. 그럼에도 불구하고 사람이 각자 자기 소견에 옳은 대로 행하던 사 사시대에는, 그러한 불명예조차도 자신에게 경제적인 손 해가 될 것 같으면 얼마든지 내팽개쳐 버리는 지경이었 습니다. 그러한 사사시대를 배경으로 하는 룻기에서 나 오미가 고향땅 유다 베들레헴에 돌아와서도 낙심하여 그 녀의 이름조차 '마라'라는 역경의 이름으로 부르게 할 정 도였던 것이지요.

하지만 그런 나오미와 엘리멜렉의 가문 가운데에 지극히 놀라운 일이 벌어지기 시작했으니, 엘리멜렉 가문의 기 업을 무를 자가 이방 모압의 며느리로 말미암아 생기게 된 것입니다. 바로 이것이야말로 룻이 베푼, 처음보다 더 한 인애가 아닙니까? 그야말로 죽었던 자들에게 기업을 무를 소망이 생기게 된 것이니, 에스겔서 37장의 마른 뼈들이 다시 살아나는 표적과도 같다 하겠습니다.

이처럼 사사들이 치리하던 때에 그 땅에 흉년이 들어 그의 아내와 두 아들을 데리고 모압 지방에 가서 거류했던 유다 베들레헴의 엘리멜렉이라는 사람에게서 일찍이 기대할 수 없었던 놀라운 표적이, 일찍이 기대할 수 없었던 모압 지방의 한 며느리 룻을 통해 일어나고 있는 것이 참으로 경탄할만한 룻기의 진면목인 것입니다.

비록 엘리멜렉은 이미 죽어서 아무런 의미가 없는 듯 보이지만, 오히려 그처럼 아무런 의미도 없는 것 같은 엘리멜렉 가문의 기업을 물을 수 있게 되는 일을 통해 하나님의 헤세드가 참으로 놀랍도록 풍성하게 드러나는 것이 바로 룻기의 진면목인 것입니다. 한마디로 에스겔서 37장에 기록한바, 마른 뼈들이 다시 살아나는 표적과 같은 놀라운 일인 것이지요.

하지만 룻기의 진면목은 엘리멜렉 가문의 기업을 물을

수 있게 되는 일 뿐만이 아니라 더 큰 하나님의 헤세드를 포함하고 있습니다.

룻 3:9절에 기록된바 "나는 당신의 여종 룻이오니 당신의 옷자락을 펴 당신의 여종을 덮으소서"라고 하는 룻의 고백이 의미하는 바가 무엇인지에 관해, 룻 2:12절에서 보아스가 "이스라엘의 하나님 여호와께서 그의 날개 아래에 보호를 받으러 온 네게 온전한 상 주시기를 원하노라"고 한 것에서 알 수 있듯이, 룻기를 통해서 드러나는 하나님의 헤세드는 저 이방 모압땅의 한 여인 룻에게 베풀어진 안식(repose)의 의미 또한 풍성하게 담겨 있는 것입니다.

비록 그녀의 족속은 대대로 상종할 수 없는 이방족속에 속했지만, 그럼에도 불구하고 하나님의 헤세드는 그들 가운데 한 여인이었던 룻에게 여전하게 비취고 있었던 것입니다. 마치 육적인 이스라엘이 참된 이스라엘이 아니었듯, 또한 육적인 이방인이 전적으로 이방인인 것이 아니었음을 어두운 사사시대 가운데서 분명히 증거하고 있는 것입니다.

하지만 그럼에도 불구하고 여기서 우리들이 확실하게 살펴보아야 하는 것은 룻을 통해 이스라엘의 유다 베들레헴에 베풀어진 하나님의 인애(헤세드), 유다 베들레헴의 한사람 엘리멜렉이 살아있을 당시에 베풀어진 처음 인애보다 나중에 베풀어진 인애가 더욱 큰 바로 그 사실입니다.

우리 속담에 "두엄 밭에 굴러도 이승이 좋다"고 하는 말이 있지만, 그와 다르게 유다 베들레헴의 엘리멜렉에게 베푼 룻의 인애는 그가 죽은 후에 더욱 크게 베풀어진 사실, 아무런 소망이 없이 죽고 말았었던 엘리멜렉 가문의 기업무름이 룻을 통해 성취된 인애로 말미암아 이루어진 것이야말로 우리의 참된 소망의 출처가 어디에 있는지를 깨닫도록 하는 하나님의 인애인 것입니다.

지금 당신에게 있는 소망의 출처가 어디에 있습니까? 이 땅 가운데 베풀어지는 하나님의 은혜에 있습니까?

물론 그것도 하나님께서 허락하시는 한 당신에게 당연히 있어야 할 것입니다. 하지만 그럼에도 불구하고 이 땅에서 누리는 은혜들은 다 그 끝남이 있는 것, 참된 안식할 곳이 아니라 잠시 쉼이 될 뿐이라는 사실을 잊지 마시기 바랍니다.

단언컨대 우리에게 있는 하나님의 인애는 영원한 데에 있습니다. 그리고 그것은 "온전한 상급"으로서, 이 땅 가운데서 하나님께서 베푸신 처음 것에 비할 바 아닌 영원한 것, 마치 엘리멜렉에게서 전혀 기대할 수 없었던 기업 무름이 이방 여인 룻을 통해 이뤄지게 된 것과 같이 전혀 예상할 수 없는 지극히 크며 놀라운 것, 그야말로 나중이 더하다는 사실을 깨닫기를 바랍니다. 바로 그러한 모든 일들이 하나님의 은혜 밖에 있었던 자들이었던 우리에게 예수 그리스도로 말미암아 일어나게 된 것입니다. 마치 죽은 엘리멜렉과 같이 아무것도 소망할 수 없는 우리, 에스겔서 37장에 기록한바 마른 뼈들이었던 우리에게, 우리 구주 예수 그리스도께서 유일하며 지극히 큰 인애를 베푸신 것입니다.

지금 당신의 영혼은 어디에서 쉼을 얻습니까? 지금 당신의 영혼이 어디에 안식할 곳을 두고 있습니까?

분명 하나님께서는 지금 이 땅 가운데서도 그 크신 사랑과 자비의 헤세드를 베푸십니다. 그리고 그 인애하심은 우리 심령으로 배불리 먹고도 남도록 이미 베풀어져 있습니다.

하지만 그럼에도 불구하고 하나님께서 베푸시는 헤세드는 처음보다 나중이 더하다는 사실, 이 땅 가운데서 신자로서 누리는 모든 복된 것들에 비할 바 아닌 풍성하고 진정한 것, 그야말로 참으로 안식할만한 것들이 나중에서야 더욱 확실하게 베풀어지는 사실을 기억하는 것이 바로 신자들에게 있는 가장 크며 유일한 소망인 것입니다. 그런즉 "당신의 옷자락을 펴 당신의 여종을 덮으소서"라고 말하는 룻의 고백과 같이, 지금 우리도 여호와 하나님의 날개 아래에 보호받기를 구하여야 마땅할 것입니다.

이미 죽어 아무런 소망도 기대할 수 없었던 엘리멜렉의

기업을 무를 자가 하나님의 크신 헤세드 가운데 예비된 보아스였던 것처럼, 죽은 것과 같이 소망이 없고 무능력한 우리 심령 또한 여호와 하나님의 날개 아래서 비로소 온전한 상급을 얻을 수 있다는 사실을 반드시 기억하여야 하는 것입니다.

아울러 그 모든 큰 은혜가 룻의 전적인 순종, "어머니의 말씀대로 내가 다 행하리이다"라고 한 룻의 순종, 또한 "시어머니의 명령대로" 실제로 다 행한 룻의 순종하는 행실 가운데서 이뤄진 사실을 기억해야 할 것입니다.

그런즉 우리들 또한 당장에 순종함으로 하나님께서 베푸시는 인애를 소망할 수 있습니다. 룻이 시어머니 나오미에게 전적으로 순종한 것처럼, 우리 구주 예수께서 친히 이르신 모든 말씀들을 다 기억하고 순종함으로 비로소 우리들도 하나님께서 베푸시는 인애, 지금 살아 있는 자들 가운데서 일시적인 것으로서만이 아니라 하나님의 나라에서 영원한 것으로서 베푸시는 지극히 큰 상급을 바라볼 수 있는 것입니다.

지금 당신에게 베푸시는 하나님의 지극히 큰 상급, 영원한 하나님의 나라에서 얻게 될 더 큰 은혜의 소망이 무엇으로 말미암습니까? "순종이 제사보다 낫고 듣는 것이 숫양의 기름보다 나으니"라고 한 삼상 15:22절 말씀을 따라 이른 히 10:16절의 말씀, "그날 후로는 그들과 맺을 언약이 이것이라 하시고 내 법을 그들의 마음에 두고 그들의 생각에 기록하리라"고 한 말씀을 따라서, 무엇보다 "사람이 나를 사랑하면 내 말을 지키리니 내 아버지께서 그를 사랑하실 것이요 우리가 그에게 가서 거처를 그와 함께 하리라"고 한 요 14:23절의 주님 말씀을 따라 순종함으로, 영원히 안식할 참된 거처를 얻는 우리 모두가 되기를 권하며 바라는 바입니다.

"크고 높은 목적을 향한 쉬지 않는 열심"

- 룻3:11-18절

우리들이 살펴보고 있는 룻기 본문은 그 중심에 '고엘'(히: goel) 곧 '기업 무르는 자'에 관한 이스라엘의 독특한 제도가 바탕을 이루고 있습니다. 나오미와 룻 사이의 아주 특별한 붙좇음, 그리고 룻과 보아스의 놀랍도록 시의적절한 만남 등의 일련의 독특한 일들이 바로 기업을 무를 자에 관한 고엘 제도로써 설명이 되기 때문입니다.

우선 룻이 유다 베들레헴에서 온 시어머니 나오미를 그토록 철저히 붙좇았던 것은, 단순히 시어머니 나오미에 대한 애착만이 아니라 엘리멜렉 가문의 기업을 무름과 연계되는 것이었습니다. 물론 룻이 시어머니 나오미를 붙좇은 것이 1장에서는 당장에 시어머니에 대한 절대적인 헌신과 충성으로 이해될 수 있지만, 룻이 이상하리만치 시어머니인 나오미를 붙좇아야만 하는 이유가 2장의 말미에서, 무엇보다 룻기 3장에서 명확하게 드러나 있습니다. 통상적으로 모압의 다른 며느리 오르바가 보여준 모습이야말로 유다 베들레헴에서 온 엘리멜렉 가계에 대한 이방 지방 모압의 며느리로서 보일 수 있는 최선의 행실이었을 것인데도 불구하고, 유독 룻만은 엘리멜렉 가계에 대한 깊은 애착으로 시어머니 나오미를 붙좇은 이유가 고엘제도와 관련해서 비로소 설명이 되는 것입니다. 따라서 룻기 전체를 통해 룻의 심정을 유추해 보자면, 룻은 그저 자신의 판단과 의지만으로 그처럼 시어머니 나오미를 따라 "부모와 고국을 떠나 전에 알지 못하던 백성에게로 온" 것이 아니었습니다. 오히려 창세기 12장에서 "너는 너의 고향과 친척과 아버지의 집을 떠나 내가 네게 보여 줄 땅으로 가라"(창 12:1)고 하시는 여호와 하나님의 말씀을 따라 본토이자 친척들과 아버지의 집이 있는 하란을 떠났던 아브람처럼, 룻 또한 하나님의 이끄시는 명령을 따라 그처럼 익숙한 고국을 떠나서 전에는 알지 못하였던 백성들의 땅으로 온 것입니다.

물론 룻은 여호와 하나님께 직접적인 명령을 받지는 않았습니다. 아브람처럼 여호와 하나님께서 직접적으로 명하시어 모압 지방을 떠나온 것이 아니라, 시어머니 나오미를 붙좇는 심정 가운데서 부모와 고국을 떠나 전에 알지 못하던 백성에게로 이른 것입니다.

또한 룻은 복을 얻으리라는 축복의 말씀도 얻지 못한 가운데서 유다 베들레헴이 이르렀습니다. 마치 하란을 떠날 때에 아브람의 나이가 칠십오 세로서, 자기 스스로 무언가 특별한 일들을 계획하기에는 이미 늦은 듯 보이는 나이였던 것처럼, 룻 또한 전적으로 스스로의 의지와 능력을 의지함이 없이 알 수 없는 하나님의 이끄심에 순종하려는 듯이 베들레헴에 이르렀던 것입니다.

그러나 아브람에게 하나님의 축복하시는 말씀이 있었던 것처럼 룻에게도 축복을 소망할 수 있는 말씀이 있었으니, 룻 2:12절에 기록한바 "이스라엘의 하나님 여호와께서 그의 날개 아래에 보호를 받으러 온 네게 온전한 상 주시기를 원하노라"고 한 보아스의 축복이 바로 그것입니다.

사실 아브람이 그랬던 것처럼, 룻 또한 자기 자신의 판단과 의지로서 그처럼 베들레헴에 이르렀던 것이 아닙니다. 오히려 자신의 판단과 굳은 의지가 아니라 전적인 여호와 하나님의 이끄시는 손길, 당장에는 시아버지 엘리멜렉의 죽음과 남편인 말론과 다른 아들 기룐의 죽음으로 말미암아 살아갈 길이 막힌 것으로 인해 "여호와께서 자기 백성을 돌보시사 그들에게 양식을 주셨다"(1:6)는 소식을 따라서 유다 베들레헴에 이른 것이지만, 사실은 그모든 여정들이 살아 있는 자들뿐 아니라 죽은 자들에게까지 이르는 인애를 베푸시는 하나님의 헤세드를 향하는 먼 원인에 의해 이끌리어 "전에 알지 못하던 백성에게로"(2:11) 이른 것이었습니다.

그것은 아브람의 경우에 있어서도 마찬가지였지요. 아브람 또한 당장에는 세겜 땅에 거주했다가 그 땅에 기근이 들었으므로 애굽에 거류하려고 그리로 내려간 것이었지만(창 12:10), 여호와께서 아브람의 아내 사래의 일로 바로와 그 집에 큰 재앙을 내리심으로 말미암아 바로를 속인 화를 면할 수가 있었으니, 그것이야말로 그의 노정이 결코 아브람 자신의 생각과 의지로서가 아니라 하나님의 보호하심과 인도하심 가운데 있는 것을 단적으로 증명하고 있는 것입니다.

이렇듯 룻과 아브람에게 있었던 일련의 일들은 공히 나타난 표면적 행위들로서가 아니라 나타나지 않는 하나님의 의지와 인도하심으로 말미암아 이뤄지는 일들이었다는 사실을 성경은 명백하게, 그러나 또한 암시적으로 깨달을 수 있도록 먼 원인(혹은 '제1원인'(The first cause)이라 부르는 근원적인 불변의 원인)으로서 기록하고 있습니다. 그러므로 우리들은 성경의 본문들 가운데서 당장 눈에 보이는 것들 가운데서의 원인(즉, '가까운 원인' 혹은 제2원인(the second cause)을 일컬음)을 볼뿐 아니라, 더 먼 원인이자 근본적인 원인인 제1원인으로서의 하나님의 섭리까지를 분별할 수 있을 때에 비로소 성경의 계시된 진리를 분별할 수가 있는 것입니다.

오늘 우리들이 읽은 성경 본문들 또한 바로 그러한 관점에서 볼 때에, 비로소 계시로서의 본문에 담긴 진정한 은혜를 파악할 수가 있습니다.

우선 11절에서 보아스는 "나는 당신의 여종 룻이오니 당신의 옷자락을 펴 당신의 여종을 덮으소서 이는 당신이 기업을 무를 자가 됨이니이다."(3:9)라고 말하는 룻에게 "이제 내 딸아 두려워하지 말라 내가 네 말대로 네게 다 행하리라"고 말합니다.

사실 룻 3:9절의 "당신의 옷자락을 펴 당신의 여종을 덮으소서"라고 하는 룻의 고백은, 보아스에 대한 완곡한 청혼의 표현입니다. 그러므로 룻은 그 고백에 이어서 "이는 당신이 기업을 무를 자가 됨이니이다."라고 그 근거를 밝혔던 것입니다.

이제 룻은 그야말로 보아스를 붙좇게 될 것입니다. 자신은 한낱 모압 지방에서 온 이방 여인에 지나지 않았지만, 그녀는 계속해서 자신을 '하녀'로, 그리고 '여종'으로 부르며 보아스의 품에서 안식하기를 원하여 붙좇고 있는 것입니다.

이러한 룻기의 기록은 얼핏 모든 일들이 룻의 그처럼 붙좇으려는 노력과 의지에 따라 이뤄지고 있는 듯 보입니다. 모압 지방을 떠나 시어머니 나오미를 붙좇아 유다 베들레헴에 돌아올 때에도 그랬고, 이제 보아스를 붙좇아 안식할 곳을 얻고자 함에 있어서도 얼핏 룻의 붙좇는 의지와 노력으로 말미암아 모든 결과들이 이뤄지는 것처럼 보이는 것입니다.

그러나 "당신의 옷자락을 펴 당신의 여종을 덮으소서"라고 하는 룻의 말 가운데 사용된 "옷자락"이라는 단어는, 룻 2:12절에서 보아스가 말한 여호와의 날개와 같은 히브리 단어입니다. 즉 룻 2:12절의 "날개"와 3:9절의 "옷자락"은 공히 "날개"를 말하는 것입니다. 한마디로 룻은 보아스에게 "당신의 날개를 펴 당신의 여종을 덮으소서"

라고 말한 것입니다. 아울러 그 말인즉 자신은 이제 보아스를 여호와 하나님께 순종하듯 전적으로 따르겠다는 것입니다. 그 때문에 룻은 자신을 가리켜 "나는 당신의 여종"이라고 이른 것이지요.

그런 가운데서 보아스는 룻에게 대답하기를 "이제 내 딸아 두려워하지 말라 내가 네 말대로 네게 다 행하리라"고 했으니, 보아스 또한 그녀를 아내로 기꺼이 맞아들일 것임을 밝힌 것입니다.

하지만 보아스의 대답에는 한 가지 중요한 선결과제가 변수를 이루고 있었습니다. 룻 3:12절에 언급한 바와 같이 기업 무를 자로서 보아스보다 더 가까운 사람이 있었으니, 먼저 그가 엘리멜렉의 기업을 무를지의 여부를 확인해야만 하는 것입니다.

그러나 보아스는 이미 오늘 본문 11절에서 룻에게 "내가 네 말대로 네게 다 행하리라"고 말했습니다. 분명 보아스가 그 대답을 할 때에, 그는 이미 그보다 먼저 기업 무를 가까운 사람이 있다는 사실을 알고 있었음에도 불구하고 룻에게 "네 말대로 네게 다 행하리라"고 대답한 것입니다.

얼핏 그러한 보아스의 대답은 조금 성급했거나 무책임한 말처럼 보일 수 있지만, 사실 보아스는 자신보다 기업 무를 촌수에 더욱 가까운 자가 어떤 자인지 이미 잘 알고 있었던 듯 보입니다. 아울러 보아스의 관심사는 단순히 자신에게 청혼하는 룻에 대한 욕심에 있었던 것이 아니라, 철저히 엘리멜렉의 기업을 무름에 있었음을 알 수 있습니다. 그는 여호와 하나님의 명하신 바를 쫓아 형제의 기업을 무를 것에 마음이 있었지, 룻을 향한 자신의 욕구나 개인적인 것에 관심이 있지 않았던 것입니다.

그렇게 파악할 수 있는 이유는, 13절에서 보아스가 말한 "아침에 그가 기업 무를 자의 책임을 네게 이행하려 하면 좋으니 그가 그 기업 무를 자의 책임을 행할 것이니라"고 한 말 가운데서 찾아볼 수 있습니다. 혹여 자신보다 먼저 기업 무를 자의 책임이 있는 자가 기업을 물려 하더라도, 어찌됐든지 엘리멜렉의 기업을 무를 수 있다는 사실에 있어서는 다를 것이 없는 것이기에, 그 또한 좋은 것이라고 보아스는 생각했었던 것입니다. 그런즉 보아스의 주된 관심은 룻의 매력이나 그녀에 대한 안식에 머무르는 것이 아니라, 더욱 이스라엘의 친족 엘리멜렉의 기업을 묻는 일에 닿아 있었던 것이지요. 바로 그러한 생각에 바탕을 두고 있는 것이 보아스였기에, 일찍이 이방 지방 모압에서 온 룻에 대한 평가는 그녀의 성실함에 있었을 것입니다. 그녀의 외모와 그녀의 출신지가 아니라 그 속에 있는 마음과 성품을 고려한 것이지요.

실제로 룻 2:7절에 기록한바 밭에서 보리이삭을 베는 자를 거느린 사환이 룻에 대해 "아침부터 와서는 잠시 집에서 쉰 외에 지금까지 계속하는 중이니이다."라고 말했을 때에, 보아스는 룻의 성실함을 확신할 수 있었습니다. 그러므로 오늘 본문 11절에서 보아스는 "네가 현숙한 여자인 줄을 나의 성읍 백성이 다 아느니라."고 답한 것입니다. 잘 아시다시피 성경이 말하는 현숙한 여인이란 한마디로 '살림꾼'(housekeeper)을 말하는데, 잠 31:10절 이하의 말씀은 바로 그처럼 살림꾼인 현숙한 여인에 대해 상당히 구체적으로 언급하고 있습니다.

먼저 잠 31:10절에서 지혜자는 이르기를 "누가 현숙한 여인을 찾아 얻겠느냐 그의 값은 진주보다 더 하니라"고 말하여, 현숙한 여인의 귀한 가치를 먼저 언급하고 있습니다. 그리고는 이어서 말하기를 "그런 자의 남편의 마음은 그를 믿나니 산업이 핍절하지 아니하겠"다고 했습니다. 아울러 12절에서도 이르기를 "그런 자는 살아 있는 동안에 그의 남편에게 선을 행하고 악을 행하지 아니하느니라"고 했으니, 한마디로 그처럼 현숙한 여인의 값어치는 귀한 진주보다 더 한 것입니다. 특별히 잠 31:11절은 "산업이 핍절하지 아니하겠으며"라고 했는데, 제네바 바이블에서는 이를 "he shall have no need of spoil." 이라고 번역하고 있습니다. 즉 현숙한 여인을 아내로 둔 남편은, 전리품을 탈취할 필요가 없다는 것입니다. 그에게 필요한 것들이 전부 현숙한 아내로 말미암아 공급되니, 굳이 탈취물을 취해야 할 필요를 느끼지 않는 것이지요. 한마디로 현숙한 여인을 둔 남편은 아내에 대한 신뢰 가운데서 전혀 걱정할 것이 없는 사람입니다. 그런데 "현숙한 여인"을 뜻하는 히브리어 "에쇄트 하일"에서 "하일"이라는 단어는 '힘이 센' 혹은 '건강하고 재력이 있는'이라는 의미를 담고 있습니다. 그러므로 "현숙한 여인"이란 우리말로 하자면 '살림꾼'에 해당하는 것이지요.

바로 그처럼 현숙한 여인에 관하여는 계속해서 이어지는 잠 31:13-27절에 이르기를 "그는 양털과 삼을 구하여 부지런히 손으로 일하며, 상인의 배와 같아서 먼데서 양식을 가져 오며, 밤이 새기 전에 일어나서 자기 집안사람들에게 음식을 나누어 주며 여종들에게 일을 정하여 맡기며, 밭을 살펴보고 사며 자기 손으로 번 것을 가지고 포도원을 일구며, 힘 있게 허리를 묶으며 자기의 팔을 강하게 하며, 자기의 장사가 잘 되는 줄을 깨닫고 밤에 등불을 끄지 아니하며, 손으로 솜뭉치를 들고 손가락으로 가락을 잡으며, 그는 곤고한 자에게 손을 펴며 궁핍한 자를 위하여 손을 내밀며, 자기 집 사람들은 다 홍색 옷을 입었으므로 눈이 와도 그는 자기 집 사람들을 위하여 염려하지 아니하며, 그는 자기를 위하여 아름다운 이불을 지으며 세 마포와 자색 옷을 입으며, 그의 남편은 그 땅의 장로들과 함께 성문에 앉으며 사람들의 인정을 받으며, 그는 베로 옷을 지어 팔며 띠를 만들어 상인들에게 맡기며, 능력과 존귀로 옷을 삼고 후일에 웃으며, 입을 열어 지혜를 베풀며 그의 혀로 인애의 법을 말하며, 자기 집안일을 보살피고 게을리 얻은 양식을 먹지 아니하나니"라고 했습니다. 특별히 27절에서 "자기의 집안일을 보살피고 게을리 얻은 양식을 먹지 아니하나니"라는 구절에서 알 수 있듯이, 현숙한 여인은 굳이 탈취물을 취함과 같은 게을리 얻은 양식을 먹을 필요가 없는 것입니다.

이처럼 진주보다도 더 한 현숙한 여인의 가치는 이루 말할 수가 없으니, 현숙한 여인은 그야말로 집안을 일으키는 살림꾼인 것입니다.

그런데 보아스는 룻 3:11절에서 룻이 그와 같이 현숙한 여인임을 온 성읍의 사람들이 아는 바라고 하면서도, 그런 룻을 당장에 스스로 취하려고 하지를 않았습니다. 13절에서 언급한 것처럼, 자기보다 먼저 기업 무를 자의 책

임이 있는 자가 혹 현숙한 여인 룻을 취하여 엘리멜렉의
기업을 묻게 된다고 해도, 그것이 결코 나쁘지 않다고 생
각하고 있는 것입니다.

만일에 보아스가 자기에게 손해가 되는지 이득이 되는
지를 먼저 따지는 사람이었다고 한다면, 엘리멜렉의 기
업을 물어 그의 가문을 계속 이을 수 있도록 하는 것에
마음이 먼저 있지를 않고 자신의 이득에 먼저 있었다고
한다면, 보아스는 굳이 현숙한 살림꾼 룻을 자기보다 먼
저 기업 무를 책임이 있는 자에게 우선권을 두어 그 의사
를 물으려고 할 필요가 없었을 것입니다. 그러나 그의 마
음이 엘리멜렉의 기업을 무름에 우선했었기 때문에, 그
는 자신이 아니라 누구라도 먼저 기업을 물어 엘리멜렉
의 가문을 잇게 한다고 해도 전혀 나쁠 것이 없다고 말
했던 것이지요.

사실 잠언 31장에서 언급하는 현숙한 여인은, 단순히 배
우자의 산업을 핍절하지 않게 하고 가정을 일으키는 것
에 주요한 목적을 두고 있는 것이 아닙니다. 오히려 잠

31:30절의 "고운 것도 거짓되고 아름다운 것도 헛되나 오직 여호와를 경외하는 여자는 칭찬을 받을 것이라"고 한 말씀에서 알 수 있듯이, 현숙한 여인의 가치는 여호와를 경외함에 있는 것입니다. 현숙한 여인으로 말미암아 집안이 잘되고 번창하는 것에 크고 높은 목적이 있는 것이 아니라, 여호와 하나님을 영화롭게 하는 데에 궁극적인 목적이 있는 것이지요.

그러므로 룻 3:18절에서 빈 손으로 돌아오지 않고, 여섯 번이나 되어 준 보리자루를 이고 온 룻에게 시어머니 나오미가 이른 "이 사건이 어떻게 될지 알기까지 앉아 있으라 그 사람이 오늘 이 일을 성취하기 전에는 쉬지 아니하리라"는 말도, 결코 룻과 보아스가 과연 결혼을 할 수 있을 것인가에만 머무르지 않는 것입니다. 오히려 시어머니 나오미가 한 "오늘 이 일을 성취하기 전에는 쉬지 아니하리라"는 말은, 단순히 보아스의 열심만이 아니라 더욱 크고 높은 목적을 이루는 열심을 생각하도록 하는 예표적인 선언이라 하겠습니다.

단언컨대 룻기의 쉬지 않는 열심들은, 단순히 이방 모압 지방에서 온 여인 룻이 유다 베들레헴의 유력한 자 보아스를 만나 안식하게 되는 것만을 목적으로 두고 있는 것이 결코 아닙니다.

또한 룻기의 모든 놀라운 일들은, 단순히 엘리멜렉의 기업을 물을 수 있게 되는 것에 그 궁극적인 목적을 두고 있는 것도 아닙니다.

오히려 룻기가 기록하고 있는 모든 놀라운 일들, 그 일이 성취하기까지 쉬지 아니하며 이루게 될 최종적인 일들은, 사람의 마음을 사용하시어 그 자신의 계획대로 모든 일들을 성취하시는 하나님의 열심 가운데 드러내고 있는 크고 높은 목적에 그 종국이 있는 것입니다.

그러므로 룻 3:18절에서 나오미는 룻에게 "이 사건이 어떻게 될지 알기까지 앉아 있으라 그 사람이 오늘 이 일을 성취하기 전에는 쉬지 아니하리라"고 말했을지라도, 그 말은 단순히 보아스가 엘리멜렉의 기업 무름에 대한 열심만을 향하고 있는 것이 아니라 그보다 더욱 크고 높은 목적을 지향하고 있다는 것에 룻기 전체의 핵심이 있는 것입니다.

이 점은 우리들이 살아가고 있는 시대에 있어서도 마찬가지입니다. 우리들이 살아가고 있는 시대 또한 우리들 자신의 안위와 보호에만 하나님의 섭리하시는 목적이 있는 것이 아니라, 오히려 우리를 보존하시고 다스리시는 하나님의 섭리로서 그의 작정하신 바가 이뤄지는 것에 더욱 큰 목적이 있는 것입니다.

우리가 잘 알고 있는 웨스트민스터 대·소교리문답(West-minster Shorter·Larger Catechism)은 제1문에서 공히 "사람의 크고 높은 목적이 무엇이냐"고 묻고 있습니다. 그리고 그에 대한 답변은 잘 알고 있듯이 "하나님을 영화롭게 하며 영원토록 그를 즐거워하는 것"입니다. 바로 그러한 목적을 가지고서 하나님께서는 사람을 지으신 것이니, 성경에 기록된 모든 인물들의 역사들이야말로 바로 그러한 사람의 크고 높은 목적을 그대로 따라 기록한 것입니다.

우리들이 살펴보고 있는 룻기에 나오는 룻과 보아스 또한 바로 그처럼 사람의 크고 높은 목적, 하나님을 영화롭게 하며 영원토록 그를 즐거워하는 자로서의 목적을 따르는 인물들입니다.

만일 룻이 그러한 하나님의 목적을 따르지 않았다고 한다면, 이미 모든 것을 다 잃어 소망이 없어져버린 시어머니 나오미를 따라 이방 땅 유다 베들레헴에까지 이를 이유가 없었을 것입니다. 살림꾼으로서의 현숙한 그녀로서는 유업을 이을 아무 소망이 없는 나오미를 쫓거나, 그런 시어머니의 계획을 따라 늙은 보아스에게 청혼하는 일이 당장에 손해를 감수해야만 하는 행동이었음에도 불구하고, 그렇게 행한 것은 바로 하나님을 영화롭게 하도록 함이었던 것입니다.

그것은 보아스 또한 마찬가지였습니다. 보아스보다 먼저 기업 무를 자의 책임을 진 자가 룻 4:6절에 이른바 "나는 내 기업에 손해가 있을까 하여 나를 위하여 무르지 못하노니"라는 말에서 알 수 있듯이, 이방 모압 지방의 여인

롯을 아내로 맞아 엘리멜렉 가문의 기업을 묻는 일은 당장에 손해가 될 수가 있음에도 불구하고 기업을 물은 것은, 다름 아닌 하나님을 영화롭게 하기 위함으로서만 진정으로 이해할 수가 있는 행동이었던 것입니다.

이처럼 엘리멜렉의 기업을 물음에 관한 두 인물의 행동에는, 단순히 그들 자신의 안위가 아니라 하나님을 영화롭게 하려는 숨겨진 목적이 담겨 있는 것입니다.

그렇다면 그처럼 롯과 보아스가 엘레멜렉의 기업을 물음이 하나님을 영화롭게 하는 숨은 목적을 이루는 것이 됨은 무엇 때문입니까? 그저 유다 베들레헴의 한 사람 엘리멜렉의 기업을 잊는 것이 어떻게 하나님을 영화롭게 하는 것이 될 수 있습니까?

그 이유는 신 25:5-6절 말씀, 즉 하나님께서 모세를 통해 명하신 여호와의 율법의 명령을 따름이라는 데서 비로소 알 수가 있습니다.

룻 4:6절에서 보아스보다 먼저 기업을 무를 책임이 있었던 자가 엘레멜렉의 기업을 물음에 대해 뭐라고 말했습니까? "나는 내 기업에 손해가 있을까 하여 나를 위하여 무르지 못하노니"라고 하지 않았습니까? 사람이 각자 자기의 소견대로 행하던 사사시대에 유다 베들레헴 사람들의 생각이, 형제를 위하여 기업을 묻도록 명한 율법의 이행조차도 "내 기업에 손해가 있을까" 하는 것을 먼저 생각하여 포기하고 마는 것에서 명백하게 드러나 있는 것입니다.

하지만 신 25:5절 말씀, "형제들이 함께 사는데 그 중 하나가 죽고 아들이 없거든 그 죽은 자의 아내는 나가서 타인에게 시집가지 말 것이요 그의 남편의 형제가 그에게로 들어가서 그를 맞이하여 아내로 삼아 그의 남편의 형제 된 의무를 그에게 다 행할 것"이라는 말씀은, 분명 기업 무를 의무를 진 자가 아니라 기업 무를 형제를 생각하는 것에 그 중심이 있습니다. 기업을 무를 의무를 진 자는 자기의 이득이나 손해를 생각하는 것이 아니라 형제의 손해되는 것을 생각하여서 반드시 기업을 물어야만 하는 것입니다.

따라서 그처럼 자기를 위하지 않고 형제를 위해 기업을 묻는 것은, 율법의 중요한 두 맥락 가운데 하나인 "내 이웃을 내 몸과 같이 사랑"(레 19:18)하는 것, 곧 하나님의 계명을 따라 온전히 순종하는 행동인 것입니다.

사실 룻과 보아스는 자신들의 안위를 먼저 위해야할만한 충분한 명분과 더불어서 능력까지도 있었던 자들입니다. 룻은 건강하고 젊은 육체와 현숙함을 천성적으로 지니고 있었고, 보아스는 많은 재산을 지니고 있었으니, 각자 자신들의 안위를 위해서 그런 것들을 얼마든지 활용할 수가 있었을 것입니다.

그러나 룻과 보아스는 자신들의 안위에 붙잡히지 않고 무언가 전혀 다른 것에 붙잡힌 사람들이었습니다. 룻이 냉정하게 자신의 안위를 살피지 않고 이상하리만치 시어머니 나오미를 붙좇았던 것처럼, 보아스 역시도 룻에게서 자신과 관련하여 이득이 될 만한 안위를 찾지 않고,

오히려 엘리멜렉의 기업을 물음과 관련해서의 현숙함만을 바라보았습니다.

무엇보다 그들은 사람의 마음을 사용하시며 주장하시는 하나님의 손길, 우리를 보존하시며 다스리시는 하나님의 섭리 가운데에 붙잡힌 사람들이었습니다. 그러므로 그들은 그들 자신의 영광과 즐거움을 먼저 추구하지 않고, 하나님을 영화롭게 하며 그 하나님으로 즐거워하는 자들로서 그 시대를 살았던 것입니다. 하나님을 영화롭게 하며 하나님을 즐거워했기에, 그들은 당장에 자신들의 안위가 아니라 신 25:5-6절의 말씀을 따라서 순종하는 본을 기꺼이 붙좇았던 것이 바로 룻기 3장의 정황인 것입니다.

그러니 룻기 말씀을 읽고 그 교훈을 살핀 우리들이 기꺼이 바라보며 좇을 것이 무엇이겠습니까?

"나는 내 기업에 손해가 있을까 하여 나를 위하여 무르지 못하노니"라고 말한 룻 4:6절의 그 가까운 형제처럼 자신의 안위에 손해가 되지 않을까 하는 것이겠습니까?

만일에 오늘 우리들이 읽은 룻 3:11-18절 말씀이 아무런 깨달음이나 은혜가 되지 않는다고 한다면, 우리들은 당연히 육체의 본성을 좇아, "내 기업에 손해가 있을까 하여" 신 25:5-6절 말씀을 통해 구체적으로 제시된바 있는 "내 이웃을 내 몸과 같이 사랑"함에는 도무지 관심을 두지 않을 것입니다.

그러나 그처럼 자신의 안위만을 생각하여 "내 기업에 손해가 있을까" 염려하며 걱정만 하는 자들에 대해, 신 25:9절 말씀을 통하여 하나님께서는 이르시기를 "장로들 앞에서 그에게 나아가서 그의 발에서 신을 벗기고 그의 얼굴에 침을 뱉으며 이르기를 그의 형제의 집을 세우기를 즐겨 아니하는 자에게는 이같이 할 것이라" 하라고 말씀하셨습니다.

마치 천국에 관한 혼인 잔치의 비유에서 예복을 입지 않은 한 사람에게 임금이 이르기를, "친구여 어찌하여 예복을 입지 않고 여기 들어왔느냐"(마 22:12)고 물었던 것처럼, 그리고 사환들에게 말하여 "그 손발을 묶어 바깥 어두운 데에 내던지라 거기서 슬피 울며 이를 갈게 되리라"(13절)고 했었던 것처럼, 사람의 크고 높은 목적을 생각하여 하나님의 말씀을 따라 순종할 줄을 모르는 자들에게도 종국에는 슬피 울며 이를 갊이 있을 것입니다.

이처럼 룻기는 운 좋게 형통하게 된 룻에 관한 기록이거나, 가까스로 기쁨을 되찾은 나오미에 관한 기록이 결코 아닙니다.

더구나 자신의 유력함으로 뒤늦게 현숙한 여인을 거두게 된 보아스의 분복, 혹은 재물이 많은 것의 효력에 관한 기록이 아니니, 룻기는 사람의 크고 높은 목적, 하나님을 영화롭게 하며 영원토록 그를 즐거워하는 크고 높은 목적을 성취하기 전에는 쉬지 아니하시는 전능하신 하나님의 역사를 가장 근원적인 원인으로 하는 이 땅의 모든 일들에 관한 기록입니다.

그런즉 우리들이 이 말씀들 가운데서 깨닫는 것도 바로

그것입니다. 우리를 예수 그리스도 안에서 택하사 그의 백성들이 되게 하신 크고 높은 목적은, 그저 우리들 자신의 구원과 복락에 있는 것이 아니라 하나님을 영화롭게 하며 영원토록 그를 즐거워하는 크고 높은 목적을 향하도록 하는 데에 더욱 근본적인 목적을 두고 있다는 사실, 바로 그 사실을 깨닫고 바라보며 붙좇기까지 쉬지 아니하시는 전능하신 하나님을 분명하게 깨달아야만 하는 것입니다.

더구나 그 말씀을 듣고 깨닫는 자들에게 여호와 하나님께서는 빈 손으로 돌려보내지 않으시는 것을, "빈 손으로 네 시어머니에게 가지 말라"(룻 3:17)고 한 보아스의 말이 교훈하고 있으니, 마땅히 우리들도 하나님을 영화롭게 하며 영원토록 그를 즐거워하는 크고 높은 목적, 막연하거나 피상적인 것으로서가 아니라 "네 마음을 다하고 목숨을 다하고 뜻을 다하여 주 너의 하나님을 사랑하라 하셨으니 이것이 크고 첫째 되는 계명이요, 둘째도 그와 같으니 네 이웃을 네 자신같이 사랑하라 하셨으니, 이 두 계명이 온 율법과 선지자의 강령이니라."(마 22:37-40)는 예수 그리스도의 명령하신바 그 말씀을 구체적으로 행하며 따르는 것이 바로 전능하신 하나님 앞에서의 마땅한 의무요 책임인 것입니다.

그런즉, 비록 우리들은 미약하고 약하여서 늘 죄악을 행할지라도, 우리 안에서 이 일을 성취하기까지 쉬지 아니하시는 하나님으로 말미암아 반드시 붙좇아 이룰 것을 믿음으로 바라보며 추구하는 우리 모두의 신실함을 구하며 축복하는 바입니다.

"그의 이름으로 세워야 할지니라"

- 룻4:1-12절

우리들이 살아가고 있는 시대를 일컬어 흔히 '물질주의'의 시대, 혹은 '물질만능'(Money Worship)의 시대라 말하는 것을 볼 수 있습니다. 그리고 그러한 말들 가운데서 일컫는 '물질'이란 단순히 눈에 보이는 모든 사물 자체를 말하는 것이라기보다는 '재물' 곧 돈을 일컬어서 지칭하는 광의적인 표현입니다. 그러므로 '물질만능주의'인 오늘날의 사회를 일컫는 또 다른 용어가 되어버린 '자본주의'(capitalism)라는 말은, 개인의 사유재산을 인정하지 않는 것에 반대하며 개인의 소유와 이윤의 추구를 정당하게 보장해 주려는 원래의 의도에도 불구하고, 자본 그 자체가 모든 사고와 가치의 척도를 이루는 것을 시사하는 비판적인 용어로 쓰이기도 하는 것이 현실입니다.

그러나 엄밀히 생각해 보면 인간은 한 번도 물질, 즉 재물 자체를 모든 사고와 가치의 척도로 생각해 본 적이 없습니다. 돈을 좋아하고 돈을 추구하는 사회가 항상 있었을지라도, 그런 가운데서도 사람들이 진정 추구했던 것은 돈 그 자체가 아니라 돈으로 얻을 수 있는 행복, 사랑, 꿈, 희망 따위의 비물질적인 것들이었기 때문입니다.

이와 관련하여 살펴 볼 성경의 본문 가운데서 눅 12:16-21절에 기록된 한 부자의 비유를 보면, 16-18절에 이르기를 "한 부자가 그 밭의 소출이 풍성하매 심중에 생각하여 이르되 내가 곡식 쌓아 둘 곳이 없으니 어찌할까 하고" 고민하더라고 기록하고 있습니다.

하지만 그 부자는 18절에서 곧장 "내가 이렇게 하리라 내 곳간을 헐고 더 크게 짓고 내 모든 곡식과 물건을 거기 쌓아 두리라." 하는 말을 자기 스스로에게 했습니다. 또한 19절에서 그 부자는 스스로에게 이르기를 "영혼아 여러

해 쓸 물건을 많이 쌓아 두었으니 평안히 쉬고 먹고 마시고 즐거워하자"고 말합니다.

이러한 부자의 생각과 계획은 전형적인 물질추구의 가치관을 단적으로 드러냄일 것입니다. 물질이 많아지면, 처음에는 덜컥 걱정과 염려가 들게 마련이지만, 이내 그것에 대해 마음을 쓰고 사용할 계획을 세우다보면 어느새 마음 가운데 기쁨과 행복이 피어나는 것을 확인할 수가 있게 되는 것입니다.

이 비유에서 알 수 있듯이, 물질을 추구한다는 것은 단순히 물질 자체를 지향하는 것이 아니라 그것을 통해 얻게 되는 정신적인 만족과 기쁨, 혹은 쾌락을 지향하는 것입니다. 마치 명품 가방을 구입하게 될 때에 표면적으로는 명품 가방을 사는 것이지만, 사실은 그것을 통해 얻는 만족과 기쁨을 그리고 우월감 등을 사는 것이나 마찬가지이듯이, 사람들이 추구하는 진정한 가치는 물질 그자체가 아니라 영혼 가운데 얻는 비물질적인 것, 혹은 무형적이고도 정신적인 데에 있는 것입니다.

하지만 그럼에도 불구하고 누가복음 12장에 등장하는 비유 속 한 부자의 경우처럼 그 마음이 물질로 말미암는 만족과 즐거움에 젖어있는 사람들의 사고를 물질주의적이라고 평가하는 것은, 그들이 추구하는 진정한 가치와 기대가 물질 자체가 아니라 그 물질을 통해 얻는 만족과 기쁨에 있다는 중요한 사실을 미처 생각하지 못하고 간과해 버리기 때문입니다. 그들도 진정으로 추구하는 것은 물질적인 것 혹은 유형적인 것이 아니라 무형적이고도 비물질적이며 정신적인 것들이라는 사실을 전혀 인식하지 못하고서, 마치 물질 자체에 진정한 가치가 있는 것처럼 생각한다는 점에서 그들을 물질주의적인 사람이라평할 수가 있는 것입니다.

그러나 눅 12:21절에서 주님은 그들에 대해 "자기를 위하여 재물을 쌓아 두고 하나님께 대하여 부요하지 못한 자"라고 말씀하십니다. 즉, 물질을 통해 마음 가운데서 얻게 되는 만족과 기쁨의 추구 자체를 완전히 부정하고 부인하시는 것이 아니라 그러한 모든 목적과 방향이 오직 자기 자신만을 향해 있는 것을 비판하신 것이지요.

눅 12:20절에 기록한 주님의 말씀과 같이, 마음 가운데 얻는 만족과 기쁨은 재물과 소유의 많음에서 오는 것이 아니라 "오늘 밤에 네 영혼을 도로 찾으리니 그러면 네 준비한 것이 누구의 것이 되겠느냐"고 한 말씀과 같이, 사람의 몸 뿐 아니라 영혼까지도 창조하시고 거두어 가실 수 있는 하나님으로 말미암는다는 사실이야말로, 누가복음 12장에 기록된 비유 속의 부자가 깨닫지 못하고 생각지도 못한 모든 것들의 궁극적인 진실이었던 것입니다.

만일 우리의 생각과 시각이 누가복음 12장에서 주님께서 비유하신 그 사실을 깨닫지 못한다고 한다면, 룻 1:2절에서 언급한 '엘리멜렉'이라는 이름은 룻기의 이야기에서 전혀 의미가 없는 것으로 보일 것입니다. 이미 죽어 오래 전에 모압 지방에 묻힌 엘리멜렉이라는 이름은, 룻기에 있어서 아무런 의미도 없다고 생각하기가 쉬운 것입니다.

그러나 룻기 전체에 걸쳐서 엘리멜렉이라는 이름은 모

든 사건들과 역사가 진전되는 키워드(keyword)이자, 모든 사건들과 이야기의 의미를 짐작하게 하는 일종의 은유 (metaphor)를 이루고 있습니다. 엘리멜렉이라는 이름이 야말로, 룻기 전체의 맥락을 파악하는 중요한 '고갱이' 인 것이지요.

지금 우리들이 살펴보는 룻 4:1-12절의 본문을 보면, 5 절에서 보아스의 입을 통해 "그 죽은 자의 기업을 그의 이름으로 세워야 할지니라"고 한 것을 볼 수 있습니다. 그가 이미 죽었고 그의 아들들도 이미 다 죽었으며, 나오 미는 이미 자식을 생산할 수 있는 나이가 아니었지만, 그 럼에도 불구하고 엘리멜렉의 이름으로 그의 기업이 세워 지도록 하는 것은, 반드시 이뤄져야 할 룻기의 중심적인 소명(mission)입니다.

그러므로 룻기의 기록자는 이미 오래 전에 죽은 엘리멜 렉의 이름을 계속해서 부르고 있을지라도, 정작 보아스 보다 먼저 기업 무를 책임이 있는 자에 대해서는 그저 "아무개"(kinsman)라고 칭하고 있습니다. 죽은 자의 이름 엘리멜렉은 언급하면서도, 정작 살아서 "나는 내 기업에 손해가 있을까 하여 나를 위하여 무르지 못하노니 내가 무를 것을 네가 무르라"(룻 4:6)고 말한 자에 대해서는 그 이름조차도 언급하지를 않은 것입니다. 심지어 시어머니 나오미를 끝까지는 붙좇지 않았었던 모압 며느리의 이름 "오르바"는 기록하고 있을지라도, 처음에는 "내가 무르리라"고 하여 기업 무를 의사를 밝혔었던 먼저 기업 무를 책임이 있었던 자의 이름은 전혀 기록조차 하지 않은 것입니다.

사실 그의 이름을 기록하지 않은 이유에 대해서는, "나는 내 기업에 손해가 있을까 하여 나를 위하여 무르지 못하노"라고 한 그의 대답 가운데서 충분히 유추해 볼 수가 있습니다. 눅 12:16-21절에 기록된 한 부자의 비유에서 그 부자가 자신의 영혼에게 "내가 이렇게 하리라 내 곳간을 헐고 더 크게 짓고 내 모든 곡식과 물건을 거기 쌓아 두리라"하고, "영혼아 여러 해 쓸 물건을 많이 쌓아 두었으니 평안히 쉬고 먹고 마시고 즐거워하자"고 한 것처럼, 그 아무개라는 기업 무를 자 또한 모든 가치기준이 자기 자신의 이득, 곧 자기에게 손해가 된다면 이스라엘의 기업 무를 책임에 대해서도 관심을 두지 않으며, 그런 태도를 전혀 수치스러운 것으로 생각하지도 않는 것에서 알 수가 있는 것입니다.

짐작컨대 3절에서 말하는 "엘리멜렉의 소유지"란 땅 자체를 말하는 것이 아니라, 그 땅의 사용권(use right)일 것입니다. 만일에 그 땅 자체의 소유권을 파는 문제였다고 한다면 굳이 기업 무름을 거부할 이유가 없었겠지만, 이미 오래 전부터 관리가 되지 않아 황폐하게 되었을 그 땅에 대한 사용권을 사는 것은 오히려 앞으로의 많은 투자와 노력을 필요로 하는 일이었기에, 그것은 오히려 자신에게 손해가 될 수 있다고 본 것입니다.

무엇보다 그렇게 하여 세워진 그 기업은 자신의 이름으로 세워질 것이 아니라, 죽은 엘리멜렉의 이름으로 세워야 할 것이었습니다. 그러므로 당장에 판단하기에 그것은 오히려 자신의 기업에 손해를 끼칠 부담스러운 일이라 생각되었던 것입니다.

무엇보다 레 25:23절에 따르면, 토지는 그들이 영구히 소유할 것이 아닙니다. 23절은 기록하기를 "토지를 영구히 팔지 말 것은 토지는 내 것임이니라."고 여호와 하나님께서 분명히 이르셨다고 했습니다.

또한 23절 말씀에 따르면 이스라엘 백성으로서 토지를 영구히 소유하려고 하지 말아야 함은, 그들이 "거류민(또는 소작인)이요 동거하는 자로서" 여호와 하나님과 함께 있기 때문입니다. 그들이 옛적에 가나안 땅이었던 이스라엘에서 오래도록 살아가고 있을지라도, 그들이 진정으로 이르러야 할 곳은 그 땅에 있는 것이 아니라는 것입니다. 그런즉 땅의 소유는 결코 그들에게 영구적으로 허락된 몫이 아닙니다.

더구나 이미 살펴본 누가복음 12장의 한 부자에 관한 비유는 그들이 왜 땅을 소유로 삼아서는 안 되는지를 생각하게 합니다. 그러므로 약 4:13-17절에서 사도는 그처럼 이 땅의 것을 소유로 삼아 만족을 얻으려고 하는 허탄한 사람들에 대해 분명하게 경고하고 있습니다.

약 4:13-14절에서 사도는 이르기를 "들으라 너희 중에 말하기를 오늘이나 내일이나 우리가 어떤 도시에 가서 거기서 일 년을 머물며 장사하여 이익을 보리라 하는 자들아, 내일 일을 너희가 알지 못하는도다 너희 생명이 무엇이냐 너희는 잠깐 보이다가 없어지는 안개니라."고 말합니다. 누가복음 12장에서 많은 소출을 거둔 한 부자와 마찬가지로, 야고보서 4장에서 말하는 장사하는 사람 또한 그 마음이 그의 소유에 있으므로 레위기 25장에서 금한, 땅을 소유하는 사람과 마찬가지인 것입니다.

무엇보다 레위기 25장에서 하나님의 백성들에 대해 이 땅에서 일시 거류하는 소작인들이요 체류하는 자들이라 한 것처럼, 야고보서 4장에서는 "어떤 도시에 가서 거기서 일 년을 머물며 장사하"는 자, 혹은 "잠깐 보이다가 없어지는 안개"와 같은 자라고 했습니다.

그런즉 약 4:15절 말씀에 이른 것처럼 "주의 뜻이면 우리가 살기도 하고 이것이나 저것을 하리라 할 것"입니다. 주의 뜻이면 우리가 어떤 땅에서 살아가기도 하고, 또한 어떤 일들을 행하기도 하는 것이니, 우리는 이 땅에서 그저 하나님께서 이끄시는 대로 향하는 소작인들이요 일시적인 체류자들인 것입니다.

그러므로 누가복음 12장에서 주님께서는 그의 제자들에게 이르시기를 "내가 너희에게 이르노니 너희 목숨을 위하여 무엇을 먹을까 몸을 위하여 무엇을 입을까 염려하지 말라. 목숨이 음식보다 중하고 몸이 의복보다 중하니라."(22-23절)고 말씀하시며, 더욱 이르시기를 "다만 너희는 그의 나라를 구하라 그리하면 이런 것들을 너희에게 더하시리라."(31절)고 하셨습니다. 하나님의 나라를 추구하며 살아가는 삶에서 뿐 아니라 이 땅의 삶에서 필요한 것들도 다 하나님으로 말미암아 더해진다는 것이지요.

하지만 룻 4:1절에 기록된 "보아스가 말하던 기업 무를 자", 그저 "아무개"라 불러 마땅한 그 자는 누가복음 12장에서 말한 어리석은 한 부자와 같은 자였으며, 야고보서 4장에서 사도가 말한 허탄한 자랑을 하는 자였습니다. 그는 이미 이 땅의 삶에 모든 마음과 생각이 고착

되어 있어서, 눅 12:29절에 이른 것처럼 "무엇을 먹을까 무엇을 마실까" 근심하며 염려하는 어리석은 자입니다. 그의 안목은 온통 이 땅에서의 삶에만 사로잡혀 있는 것입니다.

그는 눅 12:31절에서 주님께서 가르치신바 다만 "그의 나라를 구하"였어야 마땅하니, 레 25:25절 말씀을 따라서 "그의 형제가 판 것을 무를 것이" 마땅했습니다. 룻 4:5절에서 보아스가 이른 것처럼, 그렇게 하여 "그 죽은 자의 기업을 그의 이름으로 세워야"만 했었던 것입니다.

물론 그렇게 행해야만 하는 이유는, 그것이 형제들과 이웃들을 사랑하는 방편이기 때문만이 아닙니다. 분명 그렇게 하는 것은 형제인 친족을 사랑하는 크고 높은 가치를 따르는 행실이 될 것이지만, 그럼에도 불구하고 그처럼 행해야 하는 진정한 이유는 그것이 바로 레 25:25절 말씀으로 명하신 여호와 하나님의 명령이기 때문입니다.

공교롭게도 그처럼 기업을 물어야 하는 자의 이름 '엘리멜렉'의 뜻은 '여호와는 왕이시다' 라는 것입니다. 여호와는 왕이시니, 당연히 왕께서 명하신 레 25:25절의 명령을 따라 형제의 기업을 물어 "그 죽은 자의 기업을 그의 이름으로 세워야" 하는 것입니다.

그러나 룻기의 배경이 되는 사사시대에 "왕이 없으므로 백성이 각기 자기 소견에 옳은 대로 행"했었던 것처럼, 보아스가 말하던 그 기업 무를 자 아무개 또한 그저 자기 기업에 손해가 있을까 하는 자기 소견만을 따라서 판단하고 행했던 것입니다.

만일 그가 만왕의 왕이신 여호와 하나님의 명령을 따라서 엘리멜렉의 기업을 물어 그의 이름으로 그 기업을 세웠다고 한다면, 아마도 그 때에 그가 세우게 되는 기업의 이름 '엘리멜렉'의 뜻과 같이 왕이신 여호와의 이름은 그 아무개의 이름으로 말미암아 세워졌을 것입니다. 눅 12:29절에 이른 것처럼 "무엇을 먹을까 무엇을 마실까" 근심으로 구하는 어리석은 자와 같이 "내 기업에 손해가 있을까 하여 나를 위하여 무르지 못하노니"라고 말하지 않고, 눅 12:31절에서 주님께서 가르치신바 다만 "그의 나라를 구하"여서 죽은 엘리멜렉의 이름으로 그의 기업을 세웠다고 한다면, 그렇게 하여 그가 세우게 되는 것은 유다 베들레헴의 한 사람 엘리멜렉의 기업만이 아니라 왕이신 여호와 하나님의 나라였을 것입니다.

하지만 잘 아시는 것처럼 보아스가 말하던 기업 무를 자 아무개가 그 죽은 자의 기업을 무르지 않은 것으로 인하여 엘리멜렉의 기업이 물어지지 못했던 것이 아니었습니다. 8절에서 기업 무를 자가 그의 신을 벗으며 보아스에게 "네가 너를 위하여 사라"고 말했던 것에서 알 수가 있는 것처럼, 오히려 보아스가 "그 죽은 자의 기업을 그의 이름으로 세워 그의 이름이 그의 형제 중과 그곳 성문에서 끊어지지 아니하게" 했노라고 10절은 기록하고 있는 것입니다.

먼저 기업 무를 책임이 있었던 아무개라는 인물이, 그처럼 기업을 무름이 자신의 기업에 손해가 있을까(6절) 생각했었던 것을 보아스에게 떠넘기며 "너를 위하여 사라"(8

절, "buy it for thee" KJV)고 말함으로써 그 생각의 중심이 항상 자기 자신에게만 있었던 것을 분명하게 드러내고 있는데 반해, 보아스는 기꺼이 "그 죽은 자의 기업을 그의 이름으로 세워 그의 이름이 그의 형제 중과 그곳 성문에서 끊어지지 아니하게" 했었던 것입니다.

짐작컨대 엘리멜렉에게 속했었던 땅을 사고 그 기업을 일으키는 일은 보통의 재력으로는 감당하기가 어려운 일이었던 것 같습니다. 보아스보다 먼저 기업을 무를 책임이 있는 아무개라는 자가 처음에는 기업을 무르려고 했으나 "그 죽은 자의 기업을 그의 이름으로 세워야 할지니라"(5절)고 하는 보아스의 설명을 듣고서, 단박에 "나는 내 기업에 손해가 있을까 하여 나를 위하여 무르지 못하노니 내가 무를 것을 네가 무르라 나는 무르지 못하겠노라"고 말한 것을 보면, 그 땅을 다시 일구고 일으켜서 엘리멜렉의 이름으로 세워야 하는 일은 실제로 만만치 않은 경제적인 손해가지도 감수해야만 하는 일이었던 것입니다.

그러나 보아스는 룻 2:1절에 이른 것처럼 유다 베들레헴에서 "유력한 자"였으니, 비록 선하고 온전한 마음으로 엘리멜렉의 기업을 물으려 했을지라도 그 뿐만 아니라 그 일을 실제로 실행하기 위해 소요되는 비용까지도 감당할 수 있을 만큼의 능력을 지닌 자였습니다. 마치 현숙한 살림꾼 룻의 마음을 하나님께서 나오미에게로 붙여 주셨던 것처럼, 엘리멜렉의 기업을 무를만한 유력한 자 보아스의 마음을 룻에게 붙여 주셨던 것이지요.

그런데 그처럼 엘리멜렉의 기업을 무르기로 한 보아스에 대하여서 한, 성문에 있는 모든 백성과 장로들의 증언과 축복의 말이 참으로 독특합니다.

먼저 오늘 본문 11절에 기록된 백성과 장로들이 하는 말을 보면, "여호와께서 네 집에 들어가는 여인으로 이스라엘의 집을 세운 라헬과 레아 두 사람과 같게 하시고 네가 에브랏에서 유력하고 베들레헴에서 유명하게 하시기를 원하"노라는 것이었습니다. 특별히 "이스라엘의 집을 세운 라헬과 레아 두 사람과 같게 하시고"라는 문장에서 알 수 있듯이, 베들레헴 성읍의 백성들과 장로들은 보아스에게 다산의 축복을 구하고 있습니다. 마치 라헬과 레아가 나중에 이스라엘이라 불린 야곱에게 열두 아들을 낳음으로 이스라엘 열두 지파를 세웠던 것처럼, 엘리멜렉의 기업을 물어 그의 이름을 세우는 보아스에게도 그처럼 자손이 번창하기를 구한 것입니다.

실제로 룻은 아직 젊고 현숙한 여인, 즉 많은 아이를 낳을 수 있을만큼 충분히 건강하고 집안 살림을 도맡아 일으킬만한 여인이었습니다. 또한 보아스도 유다 베들레헴의 유력한 자이니, 그처럼 다산을 구하는 성읍 백성들과 장로들의 축복은 결코 과장하는 말이 아니라 얼마든지 이룰 수 있는 능력이 있음을 전제하는 축복의 말이었던 것입니다.

하지만 이어지는 12절에서 백성들은 이르기를 "여호와께서 이 젊은 여자로 말미암아 네게 상속자를 주사 네 집이 다말이 유다에게 낳아준 베레스의 집과 같게 하시기를 원하노라."고 말합니다.

잘 아는 바와 같이 베레스의 출생배경은 참으로 독특합니다. 그의 어머니 다말이 시아버지였던 유다와의 사이에서 태어난 자가 바로 베레스이니, 그런 베레스라는 이름은 일반적으로 축복의 예로써 사용될만하지 못할 것인데도 불구하고, 성읍의 백성들과 장로들은 보아스와 룻이 베레스의 집과 같게 하시기를 원하노라고 말하고 있는 것입니다.

사실 창세기 38장에 기록된 유다와 다말 사이에서 벌어진 일련의 사건들에 담긴 의미는 결코 쉽게 이해할 수 있는 것이 아닙니다. 마치 사람들이 각자 자기 소견에 옳은 대로 행하던 사사시대와 같이, 창세기 38장에 기록된 유다와 다말 사이의 일들 또한 겉으로는 전혀 거룩하거나 은혜로운 축복의 예가 될 만한 것들을 찾아볼 수 없기 때문입니다.

먼저 야곱의 아버지 이삭이 아들 야곱의 아내를 가까운 가나안 사람의 딸들 가운데서 얻지 않으려고 밧단아람에 있는 외삼촌 라반에게로 보냈었던 것과는 달리, 야곱의 아들 유다는 가나안 사람 수아라 하는 자의 딸을 보고 그를 데리고 동침하여 엘과 오난, 그리고 셀라를 나았다고 창세기 38장의 초반부는 언급하고 있습니다.

또한 창 38:6절은 기록하기를 "유다가 장자 엘을 위하여 아내를 데려오니 그의 이름은 다말이더라"고 했습니다. 그리고는 곧장 7절에서 이르기를 "유다의 장자 엘이 여호와가 보시기에 악하므로 여호와께서 그를 죽이신지라."고 했습니다.

그러자 유다는 차자인 오난에게 이르기를 "네 형수에게로 들어가서 남편의 아우 된 본분을 행하여 네 형을 위하여 씨가 있게 하라."(8절)고 했습니다.

하지만 9절은 기록하기를 "오난이 그 씨가 자기 것이 되지 않을 줄 알므로 형수에게 들어갔을 때에 그의 형에게 씨를 주지 아니하려고 땅에 설정"하였더라고 했습니다. 형의 자손을 잇기 위하여 형수와 통침하였음에도 불구하고 형수의 몸속에 사정하지 않고 땅에 사정해버림으로써, 형수의 몸을 한낱 자신의 욕정을 푸는 도구로 삼아버린 것이지요. 그리고 이어지는 10절에 따르면 "그 일이 여호와가 보시기에 악하므로 여호와께서 그도 죽이"셨습니다. 형제의 자손을 잊기 위한 선한 목적의 '형사취수제도'를, 한낱 욕정을 위한 수단으로 전락시켜버렸으니 어찌 그 죄가 죽을 만큼 크다 하지 않겠습니까?

그러자 유다는 더 이상 엘을 위해 씨가 있도록 하는 일을 거두고서, 다말을 그의 아버지 집으로 보냈습니다. 이스라엘의 씨가 끊어지지 않도록 제정한 거룩한 제도를 업신여긴 것에 대해서는 그다지 고려하지 않고, 그나마 남은 아들 "셀라도 그 형들같이 죽을까 염려"(11절)했기 때문이지요.

그 모든 일련의 일들 가운데에 며느리 다말에 대한 고려는 없었습니다. 유다의 아들 엘의 행실이 여호와 하나님께서 보시기에 악했음에도 불구하고, 그리고 그 차자 오난의 마음과 행실 또한 악함에도 불구하고 유다의 마음은 오직 자기 자신에게만 있었습니다. 마치 룻 4:1절의 보아스가 말하던 그 아무개처럼, 유다와 그의 아들들 모두가 자기들의 손해에만 마음이 있을 뿐, 여호와 하나님의 이름이 땅에 떨어지는 것이나 과부가 된 며느리의 곤란함 따위에는 관심이 없었던 것입니다.

결국 그 일로 말미암아 며느리 다말은 자기의 양털을 깎으려고 딤나에 올라온 시아버지 유다의 소식을 듣고서, 계략으로 그를 이끌어 들여서 베레스를 잉태하는 일까지 일어나고 말았습니다. 시아버지의 유다의 씨로 말미암아 며느리 다말이 임신을 하여 아들을 얻게 된 참으로 해괴망측한 일이 벌어진 것입니다.

이처럼 창세기 38장의 기록은, 이것이 과연 성경에 기록될 만한 역사인가 하는 의심이 들만큼 곤란하고 추악한 인간 군상들의 이야기를 고스란히 기록하고 있습니다. 형수와 동침을 하되 형을 위하여 씨가 있게 하려는 목적은 깡그리 무시해버리는 동생 오난의 행동이나, 과부가 되었을 뿐 아니라 남편의 동생에게 창녀 취급을 받은 며느리 다말의 더럽혀진 명예 따위에는 관심을 두지 않는 시아버지 유다의 모습이나, 그런 시아버지를 속이고 창녀처럼 보이도록 하여 후손을 잇게 된 며느리 다말의 행적이 한마디로 막장이요 콩가루라 할 만큼 혐오스럽게 고스란히 기록되어 있는 것입니다. 그러니 이런 유다의 계보 가운데서 도대체 무슨 거룩하고 영광스러운 미래를 기대할 수가 있겠습니까!

하지만 그런 가운데서 유다는 며느리 다말에 대해 이르기를 "그는 나보다 옳도다 내가 그를 내 아들 셀라에게 주지 아니하였음이로다."(26절)라고 말함으로써, 다말의 마음의 중심이 그저 자신의 명예나 안위가 아니라 이스라엘의 아들 엘의 기업 무름에 있었던 것을 인정해 주고 있습니다. 자신을 비롯하여 엘과 오난, 그리고 셀라에 이르기까지 이스라엘의 자손들은 하나같이 자기 자신만을 생각하고 있었음에도 불구하고, 정작 이방 가나안의 딸인 다말만이 이스라엘의 기업 무름에 온전히 마음을 두고 있었던 것입니다.

바로 이러한 형편, 도무지 거룩하지 않으며, 도무지 경건함 따위를 기대할 수 없는 형편없는 상황 가운데서 터치고 나온 자식이 바로 '베레스'이니, 룻기 4장에서도 그처럼 아무런 가망이 없었던 엘리멜렉의 기업 무름이 모압 지방의 며느리 룻을 통해서 그야말로 터치고 나왔기에, 유다 베들레헴의 백성들과 장로들은 보아스를 축복하며 이르기를 "여호와께서 이 젊은 여자로 말미암아 네게 상속자를 주사 네 집이 다말이 유다에게 낳아준 베레스의 집과 같게 하시기를 원하노라."고 말했던 것이지요.

이처럼 아무런 가망이 없이 죽었었던 엘리멜렉의 기업이 룻기 전체를 통해서 그의 이름으로 다시 세워지게 되었으니, 이것이야말로 아무런 인간적인 기대나 소망도 가질 수 없었던 유다 베들레헴의 한 집안을 터치고 나온 놀랍고 복된 소식이 아니고 무엇이었겠습니까!

그러므로 우리들은 성경 전체에 걸친 이러한 일들 가운데서 하나님의 주권적인 역사와 섭리의 놀라운 반전을 볼 수 있어야 할 것입니다.

아무런 기대도 할 수 없이 죽은 것과도 같은 형편, 도무지 어떠한 경건이나 온전함은 커녕 추악하고 해괴한 일들만이 관영했었던 사사시대와 전혀 다르지 않을 것 같은 우리들의 시대 가운데서도, 크고 놀라운 하나님의 섭리가 얼마든지 터치고 나올 수 있다는 사실을 확신하며 바라볼 수 있어야만 하는 것입니다.

왜냐하면 그것은 여호와 하나님께서 지금도 우리들의 왕이시기 때문입니다. 우리들의 시대에도 믿음의 백성들은, 룻과 보아스를 통해 세워졌었던 이름이 '엘리멜렉'이었을지라도, 그것은 단순히 유다 베들레헴의 한 사람의 이름이 세워진 것이 아니라 이스라엘의 왕이신 여호와 하나님의 이름이 세워진 것이라는 사실을 분별할 수 있어야만 하는 것입니다.

무엇보다 여호와 하나님의 이름은 시어머니 나오미를 붙좇았던 룻이나, 그런 룻의 현숙함을 귀하게 여긴 유력한 자 보아스를 통해 세워진 것이 아니었습니다.

비록 사람의 눈에는 그 모든 일들이 현숙한 여인 룻과 유다 베들레헴의 유력한 자 보아스의 합심으로 세워진 이름 같을지라도, 오히려 그 모든 일들은 사람의 마음을 사용하시는 여호와 하나님, 이미 창세기 38장에서 악하고 자기만 아는 유다 가문 가운데서도 이방 딤나 출신의 며느리 다말에게 남편의 씨를 이으려는 열심에 사로잡히게 하신 여호와 하나님으로 말미암아 세워진 것이 분명한 것입니다.

비록 사사시대에 "이스라엘에 왕이 없으므로 사람이 각기 자기의 소견에 옳은 대로 행하였"(삿 21:25)을 지라도, 그 때에 왕이 없었던 것이 아니라 유다 베들레헴의 한 사람 엘리멜렉의 이름으로 그 기업을 세우시던 여호와 하나님께서 만왕의 왕으로서 다스리시며 역사하신 사실을, 우리들은 분명하게 확신할 수가 있어야만 하는 것입니다. 바로 그러한 것이 살아있는 믿음인 것이지요.

그러므로 오늘 우리들의 시대가 아무리 악하고 죽은 것과 같이 소망이 없다고 하더라도, 우리들은 하나님께서 예비하시는 유력한 때가 터치고 나올 것을 바라볼 수 있을 것입니다. 아울러 우리 자신의 현실이 아무리 어렵고 곤란한 형편일지라도, 우리들은 이방 모압의 현숙한 여인 룻과 같은 열심과 건실함으로, 하나님의 은혜, 곧 '헤세드'(חסד, Chesed)의 날을 바라보며 붙좇을 수 있는 것입니다.

그리하여 우리들의 믿음도 이스라엘의 집을 세우시는 하나님의 헤세드로 유력하게 세워지기를 원하며, 우리 믿음의 열매도 베레스의 집과 같이 터치고 나오도록 하시기를, 우리들의 왕이실 뿐 아니라 만왕의 왕 전능하신 하나님의 이름으로 위로하며, 권하고, 또한 축복하는 바입니다.

"모든 일들의 진면목"

- 룻4:13-22절

우리들이 10번에 걸쳐서 살펴본 룻기 말씀은, 오늘 살
펴보는 룻 4:22절까지의 본문으로 마무리 되고 있습니
다. 룻 1:1절에서 "유다 베들레헴에 한 사람이 그의 아
내와 두 아들을 데리고 모압 지방에 가서 거류하였"더라
고 기록하며 시작되었던 본문은, 어느새 룻 4:13절의
"이에 보아스가 룻을 맞이하여 아내로 삼고 그에게 들어
갔더니 여호와께서 그에게 임신하게 하시므로 그가 아
들을 낳은지라."는 말씀 가운데서 마지막 본문을 시작하
고 있습니다.

사실 유다 베들레헴의 한 사람 엘리멜렉이 그의 가족을

이끌고 모압 지방으로 떠난 이유는 그 땅에 흉년이 들었기 때문이었습니다.

그러나 안타깝게도 엘리멜렉은 그 곳 모압 지방에서 죽고 두 아들 말론과 기룐 또한 그 곳에서 죽고 말았습니다. 더구나 그 아들들은 모압 지방에서 룻과 오르바를 각각 아내로 얻었지만, 그들과의 사이에서 자녀가 없었으니, 그들은 흉년을 피해 떠난 모압 지방에서도 여전히 극심한 기근 가운데 처해 있었다고 할 수가 있을 것입니다.

그러므로 "여호와께서 자기 백성을 돌보시사 그들에게 양식을 주셨다 함을 듣고"(룻 1:6) 유다 베들레헴으로 돌아올 때에, 엘리멜렉의 아내 나오미는 스스로 이르기를 "내가 풍족하게 나갔더니 여호와께서 내게 비어 돌아오게 하셨느니라"(룻 1:21)고 말하며 그 괴로운 마음을 절절하게 호소했습니다.

아마도 유다 베들레헴에 흉년이 들었을 때에, 엘리멜렉은 모압 지방에 가면 형편이 조금이라도 나아질 것이라

기대했을 것입니다. 그러므로 모압 지방에 잠시 머무른 것이 아니었으며, 두 아들들의 아내조차도 모압 여자 중에서 맞이했던 것입니다. 그 곳 모압에서 자녀들을 결혼시키고 꽤 오래도록 정착할 생각을 했었던 것이지요.

그러나 엘리멜렉의 그러한 계획과 생각들은 마치 약 4:13절의 "오늘이나 내일이나 우리가 어떤 도시에 가서 거기서 일 년을 머물며 장사하여 이익을 보리라 하는 자들"과도 같이 되어버렸습니다. 유다 베들레헴에는 흉년이 들어 소출을 낼 수가 없으니, 모압 지방으로 가서 머물며 소출을 보리라 계획했던 것이 한낱 수포로 돌아갔으니 말입니다.

하지만 약 4:14절의 "내일 일을 너희가 알지 못하는도다"라는 말씀과 같이 엘리멜렉은 내일 일을 알지 못하였으니, 유다 베들레헴을 떠나 모압 지방에 이르러 정착한 지 그리 오래 지나지 않아서 그와 그의 두 아들이 모두 그 곳에서 죽고 말았습니다. 약 4:14절의 "너희 생명이 무엇이냐 너희는 잠깐 보이다가 없어지는 안개니라"는 말씀과 같이, 그들의 삶이야말로 모압 지방에서 잠깐 보이다가 없어지는 안개와도 같이 되어버렸던 것입니다.

그런즉 이러한 모든 일들을 지켜본 나오미로서는, 그 모든 일들이 전능자가 심히 괴롭게 하는 일들(룻 1:20)로 밖에는 볼 수 없었음에 분명합니다. 유다 베들레헴에서는 흉년으로, 그것을 피해 떠나온 모압 지방에서는 남편 엘리멜렉과 두 아들 말론과 기룐의 죽음으로, 그야말로 이유를 알 수가 없는 극심한 괴로움만이 그녀의 삶에 드리워져 있었기 때문입니다. 더구나 흉년을 피해서 유다 베들레헴을 떠나올 때에는 그래도 온갖 것들을 챙겨서 풍족하게 떠나왔었건만, 다시 유다 베들레헴에 돌아올 때에는 그야말로 빈손으로 돌아와야만 했으니, 그녀의 마음에는 온통 괴로움과 애통함만이 가득했었던 것입니다.

그런데 이러한 모든 일들과, 이후로 룻 4:12절까지의 모든 일들 가운데서 룻기의 저자는 여호와 하나님에 대한 직접적인 언급을 전혀 하지 않습니다. 나오미가 애통함 가운데서 "여호와께서 나를 징벌하셨고 전능자가 나를 괴롭게 하셨"(룻 1:21)다고 말했어도, 실제로 그 모든 일들이 여호와 하나님의 징벌이었다고는 전혀 언급하고 있지 않으므로, 우리들로서는 그저 이후의 일의 진행되는 것 가운데서 하나님의 존재와 일하심을 가늠해 볼 수가 있을 뿐입니다.

하지만 오늘 우리들이 살펴보는 룻 4:13절 본문은 "보아스가 룻을 맞이하여 아내로 삼고 그에게 들어갔더니 여호와께서 그에게 임신하게 하시므로 그가 아들을 낳은지라."고 하여, 룻기 전체에 걸쳐서 유일하게 여호와 하나님께서 직접적으로 관여하여 일하신 것으로써 기록하고 있습니다.

그러므로 우리들은 다만 이 말씀을 바탕으로, 룻기의 모든 일들이 사실은 하나님께서 이루신 일들이라는 사실을 비교적 뚜렷하게 파악해 볼 수가 있습니다. 보아스가 룻을 아내로 삼고 그에게로 들어가 임신하게 된 일이 여호와 하나님께서 하신 것이라고 한다면, 당연히 나머지 모든 일들도 여호와 하나님께서 하신 일들이 아니겠느냐고

익히 가늠해 볼 수가 있는 것입니다.

그런즉 이제 룻이 왜 그토록 시어머니 나오미를 붙좇았던 것인지? 룻과 함께 나오미를 따르고자 했었던 오르바가 왜 나오미를 끝까지 붙좇지 않은 것인지? 그리고 보아스는 또 왜 룻을 눈여겨보게 된 것인지 등, 그 모든 일들의 원인이 어디에 있었는지를 확실하게 파악할 수가 있을 것입니다. 그 모든 일들의 진면목은, 바로 여호와 하나님의 섭리하시는 은혜에 있었던 것이지요. 여호와 하나님께서야말로 오른손으로 하시는 일들을 왼손이 모르도록, 비밀스럽고 놀라운 경륜으로써 그 모든 역사를 일구신 것입니다.

그러한 하나님의 섭리가 처음에는 유다 베들레헴의 한 사람 엘리멜렉에게 잠깐 동안 있었습니다. 표면적으로 엘리멜렉은 "사사들이 치리하던 때에 그 땅에 흉년" 든 것으로 말미암아 "그의 아내와 두 아들을 데리고 모압 지방에 가서 거류"했던 것이지만, 그러나 그 일의 진면목은 사실 앞으로의 하나님의 섭리에 있었던 것입니다.

그러나 룻기 본문은 표면적으로 그것을 전혀 하나님의 섭리로서 기록하고 있지 않습니다. 오히려 "그들이 모압 지방에 들어가서 거기 살더니, 나오미의 남편 엘리멜렉이 죽고 나오미와 그의 두 아들이 남았으며"(룻 1:2-3절) 그 두 아들이 그곳에 거주하며 모압 여자 중에서 그들의 아내를 맞이하여 십 년쯤 더 살았을지라도, 결국 두 아들이 다 죽고 나오미와 룻 그리고 오르바만 남게 되었으니, 그 모든 일들을 하나님의 섭리로 보기에는 너무도 곤란할 뿐입니다. 그저 여느 사람들과 다름이 없는 일상의 기록들일 뿐으로만 비치는 것이지요.

그런데 룻기 본문은 이미 죽은지 오래인 엘리멜렉의 이름을 2장에서도 계속해서 언급하고 있습니다. 룻 2:1절은 보아스에 대해 소개하기를 "나오미의 남편 엘리멜렉의 친족"이라고 소개하면서 "유력한 자" 즉 부유한 자라고 말하고 있는 것입니다.

뿐만 아니라 룻 2:20절에서 보아스를 만나고 돌아온 며느리 룻에게 시어머니 나오미는 이르기를 "그 사람은 우리와 가까우니 우리 기업을 무를 자 중의 하나이니라."
고 했습니다.

그러더니 룻기 3장에서는 온통 "기업 무를 자"에 관련한
일들만이 전개되다가, 급기야 룻기 4장에서는 유다 베들
레헴의 온 백성들과 장로들 앞에서 잊어진 엘리멜렉의
이름이 다시 불리면서 그야말로 "그 죽은 자의 기업"이
"그의 이름으로 세워"졌으니, 그 모든 일들이 다 하나님
의 보존하시고 다스리시는 섭리요 헤세드로서 있었던 일
들이라는 사실을, 오늘 본문 13절에서 "여호와께서 그에
게 임신하게 하시므로 그가 아들을 낳은지라"는 사건으
로서 명백하게 밝히고 있는 것입니다.

이처럼 룻기 1장에서 비교적 속히 죽은 자의 이름 엘리
멜렉은, 룻기의 마지막 장에 이르도록 모든 이야기들과
사건들의 바탕을 이루는 핵심적이고도 중요한 이름이며,
그의 기업이 세워지는 것을 통해서 그야말로 룻기의 모
든 사건들의 진면목을 깨닫도록 터치고 나오는 이름입니
다. 그가 이미 죽었으므로 전혀 그럴 수 있는 여지가 없

음에도 불구하고 말입니다.

그런데 룻기의 마지막 본문은 이제껏 모든 이야기들과 사건들의 배경을 이루었던 엘리멜렉이라는 이름을 다시 등장시켜서 마무리되지를 않고, 오히려 새로운 이름을 부각하여 등장시키고 있습니다.

룻 4:14절 말씀은 "여인들이 나오미에게 이르되 찬송할지로다 여호와께서 오늘 네게 기업 무를 자가 없게 하지 아니하셨도다."라고 말한 것으로 기록한 뒤에, 또 곧장 이르기를 "이 아이의 이름이 이스라엘 중에 유명하게 되기를 원하노라."고 기록하고 있는 것입니다. 이미 이스라엘 중에 유명하게 된 엘리멜렉의 이름 말고, 이제 새롭게 유명하게 될 이름이 소개될 것임을 예고하고 있는 것이지요.

룻 4:17절은 그 이름을 "오벳"으로 기록하고 있습니다. 그리고 그 이름이 의미하는 바는 이미 앞선 15-16절에서 충분히 암시되어 있으니, 그 이름은 '경배자' 혹은 '봉사자'라는 것으로서, "이는 네 생명의 회복자이며 네 노년의 봉양자라"는 15절 말씀에서 알 수 있듯이 나오미의 노년에 봉양할 자라는 의미를 지니는 것입니다. 왜냐하면 그 아이는 룻과 보아스 사이에서 태어났으나, 죽은 엘리멜렉의 이름으로 세워지는 기업이기 때문입니다. 한마디로 그 아이는 룻과 보아스의 아들이 아니라, 엘리멜렉의 기업을 이을 자 곧 나오미의 아들과도 같은 자인 것이지요.

하지만 십 년이 넘도록 거류하던 모압 지방을 떠나서 다시 유다 베들레헴에 돌아올 당시의 나오미의 모습이 어떠했습니까? 남편을 잃고 두 아들들마저 모두 잃었으니, 그야말로 비어 돌아온 것이 나오미의 모습이었습니다. 사람이 살아가면서 느끼는 스트레스 가운데 가장 극심한 것 가운데 하나라고 하는 배우자의 죽음 뿐 아니라, 연이은 두 아들들의 죽음까지 겪어야만 했었던 나오미의 모습은 "이이가 나오미냐"(룻 1:19) 물을 만큼 알아보기가 어렵게 변해 있었습니다.

그랬던 나오미, 아직 살아서 숨을 쉬고는 있어도 이미 아무런 생명의 소망이 없는 나오미에게, 누구도 상상하지 못했던 생명의 회복자요 노년의 봉양자가 태어나게 되었으니, 이제 룻기를 통해 보이시는 하나님의 헤세드가 비로소 분명한 완성을 본 것입니다.

그런데 16절은 기록하기를 "나오미가 아기를 받아 품에 품고 그의 양육자가 되니"라고 했습니다. 그 아이의 이름에는 나오미의 생명의 회복자이며 그녀의 노년의 봉양자라는 의미가 담겨 있지만, 당장에 봉양을 받는 자는 나오미가 아니라 오히려 그 아이임을 기록한 것입니다.

물론 나오미가 훨씬 늙게 되는 때에 그 아이는 그녀의 노년의 봉양자일 것이 틀림이 없지만, 적어도 아이가 다 자랄 때까지 십 수 년 이상을 나오미가 양육해야만 할 것입니다.

그러므로 나오미의 입장에서 "오벳"이라는 이름이 진정 "생명의 회복자"이자 "노년의 봉양자"로서의 의미를 나타내려면, 마치 엘리멜렉이 죽은 후 빈 손으로 유다 베들레헴에 돌아온 뒤에 보아스가 기업을 무르기까지 그 모든 일들이 "어떻게 될지 알기까지 앉아 있"어야 했던 것처럼, 더욱 긴 시간을 기다려야만 할 것입니다.

그러나 룻기는 이제 더 이상 긴 시간을 들이지 않고 곧장 17절에서 "오벳"이라는 이름에 담긴 진면목이 무엇인지를 밝혀주고 있습니다. 얼핏 보기에는 나오미의 노년의 봉양자요, 나오미의 생명의 회복자로서 탄생한 것이 오벳인 것으로만 보이는 본문의 내용이, 사실은 더욱 멀리, 그리고 더욱 깊은 데에까지 이르는 놀라움을 담고 있다는 사실을 밝혀 이르기를 "그는 다윗의 아버지인 이새의 아버지였더라."고 기록한 것입니다.

분명히 오벳은 나오미의 생명의 회복자이자 그녀의 노년의 양육자가 틀림없지만, 봉사자라는 뜻의 오벳이라는 이름이 그 아이에게 붙여진 진면목은, 그가 "다윗의 아버지인 이새의 아버지"로서의 봉양을 감당할 자로 세워졌다는 데에 있는 것입니다.

그러므로 그 아이가 세우게 되는 것은, 이미 오래 전에 죽은 엘리멜렉의 이름만이 아닙니다. 뿐만 아니라 빈 손으로 돌아왔던 나오미의 생명을 다시 세우는 것만이 아니며, 오히려 이스라엘 역대 왕들 가운데 가장 뛰어난 이름 다윗의 이름을 세우게 되는 데에 있는 것입니다.

유다 베들레헴의 유명한 자가 아니라, 그야말로 14절에 이른 것처럼 "이스라엘 중에 유명하게" 될 이름이 바로 오벳으로 불리게 되는 그 아이의 이름인 것입니다. 그 때문에 룻기의 마지막 18-22절의 본문은, 베레스에서 다윗에 이르기까지 10대에 걸친 '톨레돗'(toledoth), 곧 족보를 기록하고 있습니다.

하지만 룻기 가운데서 일어난 모든 일들의 진면목 가운데 계시는 여호와 하나님의 섭리와 그 실행 가운데서의 하나님의 헤세드는 거기에 머무르는 것 또한 아닙니다. 오히려 여호와 하나님께서 성취하시기까지 쉬지 않으시는 그 열심은 훨씬 멀리, 그리고 훨씬 깊은 경륜에 속하는 것이니, 여호와 하나님께서 오벳이라 불리게 된 그 아이의 이름을 통해 봉사하도록 하시는 것은 다윗의 후손 가운데서 터치고 나오실 더 높고 더욱 크신 분의 이름이 영광스럽게 되기에 이르는 데에 있었습니다.

바로 이것이 "사사들이 치리하던 때에" 유다 베들레헴에서 얼어났던 모든 일들의 진면목입니다. "그때에 이스라엘에 왕이 없으므로 사람이 각기 자기의 소견에 옳은 대로 행하였"(삿 21:25)던 그 시대의 진면목은, 흉년이 들고 허망한 죽음이 있고, 빈 손으로 돌아온 괴로움의 쓰디 쓴 눈물 가운데에 있었던 것이 아니라 "그의 날개 아래에 보호를 받으러 온" 이방인에게도 "온전한 상 주시기를" 기뻐하시며, 이미 죽은 자의 이름으로 다시 세워지는 기업 무름과, 생명의 회복자요 노년의 봉양자로서 유명하게 될 아이의 이름, 무엇보다 그 이름 가운데서 유명하게 될 다윗과 그 이름 가운데서 더욱 크고 찬란하게 빛날 영광의 이름 예수 그리스도의 오심에 이르기까지, 그 모든 일들을 성취하기 전에는 쉬지 아니하시는 여호와 하나님의 열심과 능력, 그리고 헤세드에 있는 것입니다.

이처럼 룻기의 전체적인 맥락은 엘리멜렉의 이름으로 기업을 물을 수 있게 된 것이나, 나오미의 생명이 회복된 것에 멈추지 않고 더 멀리 이스라엘의 왕 다윗과, 그보다 더 멀리 예수 그리스도의 탄생을 향하도록 믿음의 등불을 밝혀주는 데에까지 이르고 있다는 사실을, 범상치 않은 '오벳'이라는 아이의 이름이 증거하고 있는 것입니다.

그러므로 우리들도 이처럼 믿음 가운데서 우리에게 주어진 시대를 분별해야 할 것입니다. 룻기의 모든 일들이 사사들이 치리하던 때, 여호와 하나님께서 만왕의 왕으로 자리하고 계심에도 불구하고 "사람이 각기 자기의 소견에 옳은 대로 행하였"(삿 21:25)던 때에, 유다 베들레헴의 한 사람과 그 가족들 가운데서 일어난 것일지라도, 그러나 그 모든 일들은 엘리멜렉 한 사람의 이름 뿐 아니라 유다 베들레헴, 더 나아가 온 이스라엘 중에 유명하게 될 일들에 관한 이야기이며, 심지어 각 나라와 족속들을 포함한 모든 인류 가운데서 유명하게 될 예수 그리스도와 관련되는 크고 놀라운 은혜와 경륜에 관한 것임을 분별할 수 있어야 할 것입니다.

무엇보다 우리들의 시대, 사사들이 치리하던 때와 같이 만왕의 왕이신 여호와 하나님께서 세세토록 보좌 가운데 계실지라도, 마치 왕이 없는 것처럼 각기 자기 소견에 옳은 대로 욕심을 쫓아 살아가고 있는 이 시대에 대해서도, 우리들은 믿음 가운데서 지금 벌어지고 있는 모든 일들의 진면목을 분별할 수 있는 안목이 있어야 할 것입니다. 왜냐하면 그것이 바로 참된 믿음이요 신앙이기 때문입니다.

오늘 우리들이 살아가고 있는 이 시대야말로, 사람들이 각기 자기 소견을 따라 욕심대로 살아가는 시대가 아닙니까? 심지어 예수 그리스도를 믿어 의에 이른 자들이라 칭하는 그리스도인들조차도, 믿음이 아니라 각자 자기 육신 가운데 있는 욕심을 쫓아 내 이웃조차도 내 몸을 위하여 활용되도록 하는 계략을 여전히 벌이는 것이 이 시대 아닙니까!

지금 그리스도를 믿는다고 하는 많은 신자들은, 과연 그리스도께서 무엇 가운데서 우리를 구속하신 것인지를 올

바르게 알지 못하고 있습니다. 그리스도께서 십자가에 달리시어 완성하신 구속의 은총이, 죄 가운데 있던 우리의 심령을 구속하신 것일 뿐만 아니라 그 죄로 말미암아 타락하고 부패한 우리 심령이 결코 순복할 수 없었던 하나님의 계명을 붙좇아 순종할 수 있도록, 이미 죽었던 우리의 생명을 회복케 하신 사실을 거의 알지 못하는 것입니다.

예수 그리스도를 믿음으로 알기 전까지, 우리들은 결코 여호와 하나님의 율법에 마음을 두지 않았습니다. 마치 우상과 같이 아무 뜻도 의미도 모르는 채 알지 못하는 신으로서 찬양할 뿐인 이 시대의 종교심 가운데에는, 그 어떤 계명도 순수하게 지키며 따르려는 열심이나 수고가 없었던 것입니다. 마치 유다 베들레헴에 비어 돌아올 때의 나오미와 같이, 우리의 심령은 허물과 죄로 이미 죽어 있었습니다. "이이가 나오미냐?" 함과 같이, 우리 모습들도 하나님이 지으신 백성들로서의 모습을 전혀 찾아볼 수 없이 죽은 모습, 그야말로 에스골 골짜기에 가득했던 마른 뼈들과 하나도 다를 바 없는 소망 없는 몰골일 뿐이었던 것입니다.

그 때에 우리의 두개골에는 눈알이 없어서, 여호와 하나님께서 세상 모든 만물들을 다스리시는 만왕의 왕이신 사실을 전혀 볼 수가 없었습니다. 아울러 바짝 마른 뼈다귀 더미에 불과했던 우리의 육신은, 살과 피가 없어 여호와 하나님의 명령을 받들어 행할 수도 없었습니다.

그때에 우리들은 허물과 죄 가운데 행하여, 이 세상 풍조를 따르고 공중의 권세 잡은 자를 따랐으니, 육체의 욕심을 따라서 간교한 뱀의 말은 들을지라도, 왕이신 여호와 하나님의 율법에는 전혀 순종하지 못하는 본질상 진노의 자식들, 이미 죽었으며, 또한 반드시 죽을 살덩이들일 뿐이었습니다.

그러나 유다 베들레헴에 돌아올 때에, 목숨은 붙어 있으나 이미 죽은 것이나 마찬가지였던 나오미와 같이, 허물과 죄로 죽었던 우리들에게 생명의 회복자가 나셨으니, 바로 그리스도 예수이십니다. 그리고 이제 우리는 그리스도 예수 안에서 선한 일을 위하여 지으심을 받은 자들이니, 참된 선이시오 유일한 선이신 여호와 하나님의 명령인 율법을 따라 순종하는 일을 위하여 새롭게 지어진 자들인 것입니다.

이처럼 중생한 신자들의 특성이 바로 선한 일을 위하여 열심으로 여호와의 율법을 주야로 묵상하며, 계명을 따라 지켜 행하므로 더욱 온전하게 되는 성화의 길을 걷는 산 생명의 길을 간다는 점입니다. 진정한 생명의 회복자이신 예수 그리스도의 영이 우리 속에 있어, 우리로 생명의 계명을 따라 순종하는 길을 걷게 하는 것입니다.

그러므로 약 2:17절에서 사도는 이르기를 "행함이 없는 믿음은 그 자체가 죽은 것이라"고 말합니다. 행함을 통해 의롭게 된다는 것이 아니라, 살아있는 믿음은 반드시 행함으로 드러나게 되어 있다는 것입니다. 약 2:22절의 "믿음이 그의 행함과 함께 일하고 행함으로 믿음이 온전하게 되었느니라."고 하는 말씀은, 26절의 "영혼 없는 몸이 죽은 것같이 행함이 없는 믿음은 죽은 것이라"는 말씀과 함께, 살아있는 믿음의 특성을 일컫는 것입니다. 마치 룻 3:18절에서 시어머니 나오미가 며느리 룻에게 "내 딸아 이 사건이 어떻게 될지 알기까지 앉아 있으라"고 했을 지라도, "그 사람이 오늘 이 일을 성취하기 전에는 쉬지 아니하리라"고 또한 분명하게 이른 것처럼, 믿음은 반드시 하나님의 명령을 성취하기까지 쉬지 아니하는 열심으로써 그 자태를 드러내게 마련인 것입니다.

특별히 약 2:15-16절 말씀은 사람이 믿음이 있노라 하고 행함이 없으면, 그 믿음이 능히 자기를 구원하지 못함을 일컬어서 "만일 형제나 자매가 헐벗고 일용할 양식이 없는데, 너희 중에 누구든지 그에게 이르되 평안히 가라, 덥게 하라, 배부르게 하라 하며 그 몸에 쓸 것을 주지 아니하면 무슨 유익이 있으리요."라고 말합니다.

그런즉 그리스도를 믿는 믿음으로 구원에 이르게 된 백성이 "네 마음을 다하고 목숨을 다하고 뜻을 다하여 주 너의 하나님을 사랑하라 하셨으니 이것이 크고 첫째 되는 계명이요. 둘째도 그와 같으니 네 이웃을 네 자신같이 사랑하라 하셨으니, 이 두 계명이 온 율법과 선지자의 강령이니라."고 한 마 22:37-40절의 예수 그리스도의 말씀을 따라 하나님의 계명에 순종하는 것은, 그 생명이 회복된 단적이고도 명백한 증거인 것입니다.

그처럼 살아있는 믿음은 룻기 본문에서도 단적으로 확인할 수 있습니다. 소리를 높여 울 뿐 아니라 입 맞추며 떠나려는 시어머니 나오미를 끝까지 붙좇은 룻이, 그처럼 살아있는 믿음에 역사하는 행함의 증인이며, 엘리멜렉의 기업을 무르는 일을 성취하기 전에는 쉬지 아니한 보아스가 또한 행함으로 의롭다 하심을 받는 살아있는 믿음의 증인들인 것입니다.

무엇보다 생명의 회복자요 노년의 봉양자라 칭한 일곱 아들보다 귀한 며느리 룻이 낳은 "오벳"이라는 이름의 아이야말로 그처럼 살아있는 믿음의 명백한 증거입니다. 본문에서 "봉양자"로 풀이되어 있는 오벳이라는 이름을 지은 베들레헴의 여인들은, 그 아이가 태어난 것으로 인해 "찬송할지로다"(룻 4:14)라고 외치며 여호와 하나님을 경배했지 않습니까!

이처럼 하나님의 자비와 인애의 헤세드 가운데 있는 믿음의 백성들은, 공히 붙좇음과 열심, 그리고 경배와 봉사함으로 그 안에 있는 살아있는 믿음, 회복된 생명의 증거를 드러내 보이게 마련인 것입니다.

하지만 그런 모든 행실들에도 불구하고 살아있는 믿음이 우리 안에서 나온 것이거나, 그 행실이 우리의 공로(merit)가 되는 것이 아니라는 사실을 엡 2:8절 말씀은 명확히 밝혀 이르기를, "너희는 그 은혜에 의하여 믿음으로 말미암아 구원을 받았으니 이것은 너희에게서 난 것이 아니요 하나님의 선물이라"고 했습니다. 또한 10절에서도 이르기를 "우리는 그가 만드신 바라 그리스도 예수 안에서 선한 일을 위하여 지으심을 받은 자니 이 일은 하나님이 전에 예비하사 우리로 그 가운데서 행하게 하려 하심이니라"고 했으니, 믿음으로 행하는 모든 선한 행실들이 바로 하나님이 전에 예비하사 우리로 그 가운데서 행하게 하심으로 인한 것임을 알 수가 있는 것입니다.

그러므로 사사들이 치리하던 때에 유다 베들레헴의 한 사람 엘리멜렉을 중심으로 하는 룻기의 모든 헤세드 또한, 룻에게 잠재해 있었던 것이거나 보아스로 말미암은 것이 아니라 "하나님이 전에 예비하사 우리로 그 가운데서 행하게 하려 하심" 곧 '예정'(Predestination) 가운데서 일어난 일들일 뿐이며, 바로 그러한 하나님의 예정 가운데서 오늘 우리들이 살아가고 있는 것입니다.

히 11:35절에서 사도는 구약의 수많은 믿음의 선진들을 열거하며, 특별히 기드온, 바락, 삼손 입다와 같은 사사들과 다윗 및 사무엘과 선지자들의 일을 말하려면 내게 시간이 부족하리라고 언급하는 가운데 이르기를, "여자들은 자기의 죽은 자들을 부활로 받아들이기도" 했다고 기록했습니다. 기드온과 바락, 삼손과 입다와 같은 사사들만이 아니라 나오미와 룻과 같이 당시에는 별로 주목할 만하지도 않은 사람들에 이르기까지 전부 믿음으로 말미암아 증거를 받았음을 이른 것입니다.

그런즉 사사들이 치리하던 때와 같이 수없이 많은 사람

들이 그저 자신에게 이득이 되는 것만을 쫓으며, 오직 자신들만을 위하며 살아가는 시대, 심지어 그리스도인을 자처하는 자들조차도 헐벗고 일용할 양식이 없는 형제나 자매에게 그저 평안히 가라, 덥게 하라, 배부르게 하라 말하면서 정작 그 몸에 쓸 것은 줄 줄을 모르는 것이 우리들의 시대일지라도, 자기의 생명을 회복하기도 할 뿐만 아니라 더 좋은 부활을 얻고자 하여 극심한 고난과 시련을 받되, 구차히 풀려나기를 원하지 않았던 옛 선진들과 같이, 우리들도 믿음의 증거를 드러내어 확인할 수 있어야 마땅할 것입니다.

그러나 그들 모두가 증거를 받되 약속된 그리스도를 보지는 못하였음에도 믿음 가운데 증거를 받았던 것이니, 약속된 예수 그리스도를 말씀(the Bible) 가운데서 만난바 된 신자들인 우리들이야말로 믿음으로 말미암아 더욱 온전하게 확증하는, 진정으로 봉양하는 자 '오벳'이 되어야 마땅한 것입니다.

비록 우리는 약하고 부족할 뿐일지라도, 우리를 택하시

고 구속하사 그의 계명을 따라 순종하며 영광된 하나님의 나라를 바라보며 소망에 이르도록 하시는 여호와 하나님의 열심, 이 일을 성취하기 전에는 쉬지 아니하시며, 반드시 그 모든 예정하신 일들을 다 이루시는 삼위 하나님의 헤세드가, 우리들의 모든 신앙과 생활 가운데 베풀어지기를 바라보면서, 만왕의 왕이자 우리의 영원한 구주이신 예수 그리스도의 이름으로 축복하는 바입니다. 아멘.